浙师大附属闻堰中心幼儿园

基于"玩美"课程
的美好教育样态

傅艺玲　邵伟芳　傅婷婷等◎著

JIYU WANMEI
KECHENG DE MEIHAO
JIAOYU YANGTAI

ZHEJIANG UNIVERSITY PRESS
浙江大学出版社

图书在版编目（CIP）数据

基于"玩美"课程的美好教育样态 / 傅艺玲等著.
-- 杭州：浙江大学出版社，2021.12
ISBN 978-7-308-22253-2

Ⅰ．①基… Ⅱ．①傅… Ⅲ．①美术课－教学研究－
学前教育 Ⅳ．①G613.6

中国版本图书馆CIP数据核字(2022)第004806号

基于"玩美"课程的美好教育样态

傅艺玲等　著

责任编辑	赵　静
责任校对	胡　畔
装帧设计	林智广告
出版发行	浙江大学出版社
	（杭州市天目山路148号　　邮政编码　310007）
	（网址：http://www.zjupress.com）
排　　版	杭州林智广告有限公司
印　　刷	杭州高腾印务有限公司
开　　本	710mm×1000mm　1/16
插　　页	6
印　　张	14
字　　数	170千
版 印 次	2021年12月第1版　2021年12月第1次印刷
书　　号	ISBN 978-7-308-22253-2
定　　价	80.00元

布艺坊

石艺坊

玩色坊

纸艺坊

来自山东、黑龙江等全国各地的园长、教师一行走进闻堰中心幼儿园观摩学习

闻堰中心幼儿园接待国家教育行政学院领导参观交流

闻堰中心幼儿园的孩子为全国各县市教育局局长送上工坊制作的小礼物

闻堰中心幼儿园接待各省、市、地区骨干教师参观交流

闻堰中心幼儿园接待"建设高品质学校"第三期高级研修班成员参观交流

新时代幼儿园专业发展高级研修班骨干教师来闻堰中心幼儿园参观交流

闻堰中心幼儿园示范辐射活动

玩色坊写生活动

玩色坊涂鸦洗刷区

幼儿扎染游戏

幼儿布艺坊游戏

幼儿石艺坊游戏

幼儿纸艺坊游戏

闻堰街道、学院领导、杨蓉导师以及傅艺玲园长共同揭幕

闻堰中心幼儿园"玩美"工作坊核心团队成员

傅艺玲园长应邀参与 2019 年浙江省美术工作坊沙龙交流汇报

浙江师范大学杭州幼儿师范学院吕耀坚教授

浙江师范大学杭州幼儿师范学院王春燕、秦元东两位教授莅临闻堰中心幼儿园，聚焦课程进行指导交流

浙江师范大学杭州幼儿师范学院王磊博士

浙江师范大学杭州幼儿师范学院副院长李克建

浙江师范大学杭州幼儿师范学院甘剑梅教授

浙江师范大学杭州幼儿师范学院领导入园指导

萧山区副区长陈琴箫（右二）一行领导慰问

萧山区教育局局长俞沈江等一行在街道领导的陪同下参观工坊

萧山区教育局党委委员、副局长封小丽
莅临闻堰中心幼儿园调研指导工作

萧山教育局学前教育科骆静科长做讲座

萧山区教研室副主任俞春云教研指导

接待国家教育行政学院调研

闻堰街道邵银梅副主任来闻堰中心幼儿园进行教师
节慰问

编委名单

主　编：傅艺玲
副主编：邵伟芳　傅婷婷

参编人员（按姓氏笔画）：
　　　　丁嘉丽　王　静　田　甜　任金迪　华　娟
　　　　李梦添　杜益丹　宣　芳　洪　波

顾　问：甘剑梅　邵银梅　邵亚华　楼旭平

"生态玩美"课程：美好教育的一种实践样态

　　生活需要美好事物的存在，美好生活是幼儿成长过程中的积极体验。幼儿是不断成长着的动态个体，作为自身发展的积极促进者，他们能够从自身真实体验出发，认识外界事物、丰富个体经验、实现自我成长。

　　美好，指美丽的东西让人身心舒畅，更好地生活，快乐地生活。美好教育则是将美好融入教育之中，不仅体现在教育的外在形式，更体现在师幼内心深处所产生的美好感受与体验，让教育者与受教育者都能收获美好生活，"美好教育"要美在教育目的，既要促进幼儿的全面发展，又要尊重幼儿的个性化表现，以自由而全面的教育奠定幼儿美好未来的基础。"美好教育"要美在教育内容，从幼儿生活中选择美的内容，有机整合各种美好元素，实现幼儿学习与生活的美好融合。"美好教育"要美在教育方法，始终尊重幼儿的主体地位、关注幼儿的内心体验，实现幼儿收获美好生活的自主性。"美好教育"要美在校园环境，创设美好的物质环境，赋予校园育人的功能，在潜移默化中唤醒幼儿发现美好的心灵；创设美好的精神环境，用和谐的校园氛围带领幼儿用心享受生活中美好的点滴。在美好教育的理念之下，美好贯穿着教育全过程，让每一位幼儿和教师都能够感受美好、追求美好、创造美好，最终收获美好生活，实现美好愿景。

　　美育是通往美好教育的重要路径。美育是指培养学生认识美、爱好美和创造美的能力的教育，如果能够在幼儿直接体验、主动发展的过程中提供丰富多彩的美育活动、创设充满美感的活动环境，幼儿可以逐步萌发对美好的向往，洞悉身边事物的美好，增强审美敏感度，提高创造美的能力，从而在美好中成长，收获美好生活。

　　随着社会发展进步，教育观念也随之改变。为培养适应新时代的新型综合性全面发展人才，我们需要一个更灵活多样、更尊重幼儿主体、更追随社会需求的教育模式。不同于灌输式和园丁式教育，生态式教育认为潜力既不是先天存在的，也不是后天出现的，而是处于两者交界处，需要先天与后天、自身与外界的相互作用才能不断被激发。因此，着眼于"让幼儿收获美好生活"的目标，萧山区闻堰中心幼儿园（以下简称我园）以"生态教育"为理论基础，以"美好教育"为思想引领，以"传播美好"为实施理念，依托丰富的美育活动，创设美好教育环境，成就师幼共同美好发展。

目　录

上　篇

下 篇

玩色坊案例

纸艺坊案例

PART 1

上 篇

"生态玩美"课程的背景与理论

"生态玩美"课程的目标与内容

"生态玩美"课程的实施与评价

"生态玩美"课程的保障与成效

"玩美"
课程 的美好教育样态

第一章

"生态玩美"课程的背景与理论

　　我园将"生态玩美"作为课程核心，教师用心传播美好教育，幼儿主动收获美好生活；将"美育"作为教育重点，让幼儿在自我体验中实现内心对美好的追求；将"玩美特色"融入幼儿校园生活，激发幼儿对美好事物的向往，让每位幼儿获得感受美的体验和创造美的机会，逐步培养理解美好生活的能力，成为全面和谐发展并具有独特审美情趣的向善向美之人。

第一节　生态理论下的"玩美"课程设计

　　我国美育学家滕守尧先生最早提出"生态式艺术教育理论"，他认为要用生态学的原理和方法思考艺术教育问题，并以生态学的方式开展艺术教育实践。生态式艺术教育是从生态学的角度出发开展艺术教育的，不仅仅注重单独的艺术活动，还要注重艺术与其他领域的交叉与贯通，提高幼儿的审美意识、艺术感觉、人文素养和创造力，实现幼儿的可持续发展。其基本观点是：

　　第一，生态即整合。首先是外部整合，一科切入，兼顾数科，将艺术领域与其他领域整合；其次是内部整合，将艺术领域内部进行整合；最后是目标整合，在儿童艺术学习与发展过程中，兼顾欣赏与创作能力、交流与合作能力等多方面发展。

　　第二，生态即系统。保持开放的心态和视角，将儿童发展的环境视为一个生态系统，协调和利用家庭、幼儿园、社区的人力及物质资源，促进幼儿的可持续发展。

　　幼儿园活动就是一个完整的生态系统，包括幼儿、教师、环境和材料等不同的要素，各要素之间紧密联系、在互动中产生优化的活动效果。幼儿本身就是一个完整的个体，各方面能力的发展是需要协调统一的。其中，幼儿的美术能力也是多方面的整合，不单指绘画创作能力、作品制作能力，还有审美情趣、创新意识、人文素养等都是应该受重视的方面。幼儿园引入生态式艺术教育理念，有利于艺术教育活动中各个要素的有效联动，使得幼儿在与教师的合作中、与材料的互动中获得综合能力的发展，这也符合幼儿全面发展的培养目标。

我园将"生态玩美"的核心理念概括为"生活""审美""创造""深度""生态"。我园正是围绕这五个关键词进行课程的开发，从而更有效地达成四项课程目标。第一，从幼儿的生活中挖掘课程内容中更符合幼儿的兴趣点，调动幼儿参与活动的积极性。第二，"生态玩美"课程主要依托于美术活动开展，美好教育的目的是让幼儿体验美好生活。"审美与创造"的培养目标，既符合美育活动的本质属性，又能提升幼儿发现、体验并创造美好生活的能力。第三，强调深度学习，为幼儿提供了全身心投入探究过程的机会，提高主动思考与解决问题的能力。第四，课程资源生态整合的实现，是"生态玩美"课程的开发与实施过程中强有力的保障，使课程保持生机，促进幼儿的可持续发展。

一、起点：源于生活的课程内容

幼儿课程生活化对幼儿的健康成长有着重要作用。"实施生活教育，实现幼儿课程生活化"是对幼儿教育阶段每一位教育工作者强有力的呼吁。我园"生态玩美"课程的设计与开发遵循"从生活中来，到生活中去"的原则，丰富了"生活化"的内涵。

第一，生活经验的延展。实现课程生活化的第一步必然是了解幼儿的实际生活，因此，我们将幼儿生活作为课程设计的起点。"生态玩美"课程的主题和内容不仅要源于幼儿生活中的艺术经验，还要通过有效的活动拓展他们的已有经验，不断追寻和实现幼儿的最近发展区。

第二，生活艺术的追寻。艺术教育对幼儿未来的生存与发展具有重要意义，"生态玩美"课程的最终目的是通过对幼儿的艺术启蒙，引导幼儿在生活中用美的眼光看待世界，用美的方式呈现思维，用美的心态对待人生，追求精神富足的生活，最终达成"艺术化生存"。

（生活艺术的追寻是课程设计的起点和愿景，这一部分可以增加论述为什么儿童应该具有艺术的追寻，简要表述具有生活艺术的儿童应该是怎么样的状态。）

我园依托市级课题《以话启心智、以美育新人——幼儿园生活美育的实践研究》，从材料生活化、环境生活化、内容生活化、形式生活化四个核心点入手。"贴近幼儿生活，将课程生活化"作为生活艺术领域的"公理"也是"生态玩美"课程建设要遵循的原则，丰富生活化的内涵。

因此，课程主题、内容要源于幼儿生活中艺术经验，并拓展他们原有的这些经验，将此作为课程设计的"起点"。

热爱生活，对生活中的美有较强的感知和体验，能主动参与美术特色活动，乐于接触与美术相关的人、事、物，发现美术与人们生活的紧密关联。对生活中美的事物的独特情怀与归属感，萌发感受与欣赏的原动力，构建自己的美术世界。

二、目标：审美和创造能力培养

《3—6岁儿童学习与发展指南》（以下简称《指南》）中强调，幼儿艺术领域学习的关键在于引导幼儿学会用心灵去感受和发现美，用自己的方式去表现与创造美。我们围绕《指南》艺术领域中"感受与欣赏"和"表现与创造"两个子领域，从艺术审美感受与艺术审美表现两个指向确定"生态玩美"课程的目标。

（一）感受与欣赏

"感受与欣赏"是指幼儿感知美好的事物或者艺术作品的艺术能力，其主要内涵是主体情感的体验、满足和愉悦，并由情感愉悦达到精神自由。倘若幼儿没有获得前期充分的审美体验，创作活动就会变得干瘪乏味，作品也会缺乏艺术灵动与创意感。教育者应该顺应幼儿的发展特点，寓教育于美的享受之中，创设让幼儿接触美好事物与作品的机会，唤起幼儿的审美情趣，尊重幼儿的审美与欣赏作品时的内在体验与独特感受。

为达成该目标，"生态玩美"课程的设计对现有的美工坊环境及活动进行了三方面改进：一是增加审美元素。美工坊内除展示幼儿作品外，还可借助环境创设等陈列物来营造艺术氛围，实现幼儿在环境潜移默化的作用中感受美好的熏陶。二是增设美术欣赏活动。在幼儿进入美工坊创作之前可增设多种形式的欣赏活动，使幼儿能够多途径、多通道地欣赏艺术作品，激发创作灵感。三是建立课程所需的审美素材库。教师在日常生活中保持敏感意识，随时随地收集艺术作品，以支持幼儿感受和欣赏能力的发展。

（二）表现与创造

我们认为："每个幼儿都有缪斯本能，应充分信任和激活幼儿拥有的天赋艺术直觉能力，使其用于自由快乐地创造。"艺术的表现与创造是指幼儿在头脑中形成审美心理意象，利用艺术的形式语言、艺术的工具和材料将所获得的感受重新组合，创作出独特的作品。教育者要为幼儿提供自由表现和创造的机会，鼓励幼儿用不同艺术形式大胆表达情感、理解和想象，肯定和接纳幼儿独特的创作方式，尊重幼儿自发的、有个性的艺术表现与创造。

为此，我们对美工坊进行了以下两方面的改进：一是提供丰富创意的材料。如利用石头、竹片、吸管等生活中常见的自然资源或废旧材料，培养幼儿的创造意识，而不仅局限于在纸上画画、用画笔涂色。二是策划有创意的美工活动。如用纸浆做娃娃、用吸管做花朵、用手指来涂色等，丰富幼儿的想象能力，使美工活动变得创意无限、精彩纷呈。

三、过程：强调幼儿的深度学习

从意大利瑞吉欧项目式学习的实施可见，围绕某个项目开展的艺术学习是长期持续的，直至项目完成。从高瞻课程实施中的"单项深度法"来看，幼儿的艺术学习过程是一个从感知到创作再到反思的循序渐进的循环。这两种课程模式提示我们，"生态玩美"课程的设计要支持幼儿"深度学习"，强调问题解决能力的培养，重视积极主动情绪的激发，实现幼儿学习过程的逐步推进。"深度法"作为"生态玩美"课程的实施策略与方法，其具体内涵有：

其一，经验基础。深度学习不仅注重知识的记忆，更重视新旧知识经验的连接，以及对收集的多种知识经验的整合与归纳能力，可见深度学习是建立在幼儿已有经验之上，需要在原有水平上再往前走一步的。支持幼儿的深度学习，就要关注他们的经验基础，善于捕捉生活中的偶发事件，善于总结幼儿的生活经验。只有实践符合幼儿经验的教学活动，才能推进深度学习过程，促使幼儿能力、思维、学习品质在原有基础上得到提高。

其二，时空开放。首先，要保证幼儿艺术学习的时间足够充分，避免在幼儿欣赏或创作过程中匆忙结束活动，影响幼儿审美和创作体验；其次，学习场所不限于美工坊内，也不限于园内。户外活动时，若有幼儿产生可以用枝条画画、搭房子，用叶子装扮等灵感时，教师应该抓住契机，随机开展户外美术活动。同时，教师的时空也需要得到解放，减少无意义的琐碎工作，给教师留出更多的时间和精力，让他们有更充分的时间去观察和陪伴孩子的成长，支持孩子们的深度学习。

其三，过程分解。活动设计要遵循幼儿完整的艺术学习流程及自发探究的规律，保证感知体验、创作表达和评价是连续的，这将有利于帮助幼儿获得更完整的经验。

人力、物力、财力、信息等课程资源均应围绕"生态"这一整合点，为打造生态式美育课程而服务。结合我园实际，"生态"意味着三个整合：

其一，经验的整合。幼儿的发展是"整个的"，他们参与活动是"全身心卷入的"，所以为他们设置的课程也应该是整合的。即便是以美育为主的"玩美"课程，课程的目标与内容也应一方面涉及美术领域内部多个子领域的整合，另一方面涉及美术领域与其他领域的整合。这样才能确保围绕一个主题或项目进行学习时，幼儿所建构起来的经验是体系化的而非碎片化的，是嵌入幼儿原有经验结构的而非孤立无意义的。因此，幼儿在"生态玩美"课程中所获得的发展不仅仅是美术核心经验上的，还涉及其他领域经验的渗透式发展，如语言、社交、健康、科学、艺术等；尤其对培养主动、专注、坚持、习惯、计划、合作等学习品质成效卓著。

其二，资源的整合。园内课程领导者和教师应以开放的心态和视角，将课程建设看作一个系统工程，协调利用家庭、幼儿园、社区的人力及物质资源，甄选和利用媒体资源，并倡导幼儿在课程建设全程中的参与，最终形成资源合力，服务于"生态玩美"课程建设。比如，借助园内外自然环境，园外的博物馆、美术馆、人文景观等社区资源，从事艺术职业的家长资源，互联网上的美育资源等；又如，大量吸纳幼儿对课程建设的想法，明确"幼儿作为课程决策者"的地位。

其三，途径的整合。我园"生态玩美"课程的建设最初是以四个独立的美术工作坊为基础的，美工坊的实质是班级常规美术教育的拓展阵地，是班级美工区功能的无限放大。但我们逐渐意识到，从单纯的美工坊活动逐渐完善至整个课程体系的建设，需要整合幼儿在园一日生活的多种美育途径，将美工坊与常规美术教育和美工区角游戏相互联通，确保幼儿在园不同时段的学习中美术经验的整合。

第二节 "生态玩美"课程的实践基础

《国家中长期教育改革和发展规划纲要（2010—2020）》（以下简称《纲要》）明确指出，要促进德育、智育、体育、美育有机融合，提高学生综合素质。美育活动能够帮助幼儿发现和感受生活中的美，进而能够主动去创造美的事物，养成良好的审美能力及表现美和创造美的能力，有利于幼儿全面和谐发展和进步。但是美育是育人过程中容易被忽视的一部分，教育活动中常常出现重智育、轻美育的现象，或是美育形式化的趋势。研究幼儿园美育活动的独特价值，反思现有美育活动中存在的问题，有利于更好地实施"生态玩美"课程。

一、美育对幼儿的独特价值

随着社会的发展及生活水平的提高，人们对美的追求越来越普遍，对美的教育应该从娃娃抓起，从小培养幼儿欣赏美、感受美和创造美的能力，这是全面发展教育不可缺少的组成部分。美育的价值在于全面培养人，从塑造美的心灵入手对幼儿进行教育，这对于每一位幼儿的成长和发展来说具有独特的价值。

（一）美育可以提高幼儿的发散思维能力

传统教育模式注重逻辑思维能力的培养，比如数学、物理学等都需要较强的常规逻辑思维能力。但在实际生活中，发散性思维也发挥着举足轻重的作用，比如创新性思维在现实生活中运用更为广泛，而美育正好具备了提高幼儿发散性思维能力的作用。所谓发散性思维就是发挥想象力，将自身所拥有的知识融会贯通，从一个知识点向四面八方发散，并能够朝对自己有价值的方向重新组合，寻找更新更多的方法的思维能力。对于刚开始认识世界的幼儿来说，美育教育更有利于他们发散性思维能力的培养，我们通过绘画、手工等形式，让幼儿创造性地表达自己的思想，让幼儿的思维得到有效的表达，一方面可以提高幼儿表达的能力，另一方面还可以提升幼儿的自信心，帮助幼儿更好地认识世界。我们教育幼儿在绘画的过程中要自己设计、自己思考，每一幅画，老师都要跟幼儿详细交流，提高幼儿的发散思维能力。孩子的世界没有受到定势思维的控制，所以想法会很新奇，鼓励孩子们保留自己的想法，才会使他们的发散性思维发挥得更好。

（二）美育可以增强幼儿感受幸福的能力

每个人在生活中都少不了对幸福的追求，但并不是每个人都可以拥有感受幸福的能力，所以我们在幼儿教育阶段注重增强幼儿感受幸福的能力，从幼儿欣赏美、感受美、创造美这三个层面入手的。一个具有欣赏美、感受美的能力的人，一定是一个幸福的人。无论是身边的一花一草、一亭一台，还是天上的云、空中的鸟，在他眼中都是美的；无论是一顿饭、一件衣，还是一句问候，在他眼中也是美的。置身于美景之中，包裹于温情之内，生活便是无限美好的。孔子说："知之者不如好之者，好之者不如乐之者。"就是这个道理，能够喜欢身边的事物，才能沉浸在事物之中。对于孩子来说，如果对周围的事物充满了好奇，就能更好地享受这些事物带给他的美好，美育教育恰恰能够积极引导幼儿去感受身边的一切美好，让他们能够从生活的琐碎中发现美，在自己的生活中努力去欣赏这些美好，成为一个幸福的人。

（三）美育可以丰富幼儿情感表达的形式

蔡元培认为，人的精神（心理）有三种：一是知识，二是意志，三是情感。知识属于科学；意志的表现是行为，属于伦理学；情感属于美育。所以美育可以丰富幼儿情感表达的能力。幼儿认识世界是从图画开始的，当用语言和思维还不能完全表达自己思想的时候，他就无法用语言来表达自己。美育教育引导幼儿通过绘画、音乐等形式来表达自己的感情，让幼儿打破不能通过语言形式表达的局限。无论是音乐还是美术都能够让幼儿更好地体会情感，这也是美育独有的一种形式。每一首歌、每一幅画都有自己的感情，幼儿在接受美育教育的过程中，自然能够和这些作品产生共鸣，也就更好地懂得了如何通过音乐和美术表达自己。

（四）美育可以培养幼儿陶冶情操的能力

"美育者，应用美学之理论于教育，以陶养感情为目的者也。人生不外乎意志；人与人相互关系，莫大乎行为；故教育之目的，在使人人有适当之行为，即以德育为中心是也。顾欲求行为之适当，必有两方面之准备：一方面，计较利害，考察因果，以冷静之头脑判定之；凡保身卫国之德，属于此类，赖智育之助者也。又一方面，不顾祸福，不计生死，以热烈之感情奔赴之；凡与人同乐，舍己为群之德，属于此类；赖美育之助者也。所以美育者，与智育相辅而行，以图德育之完成者也。"美育是一种高雅文化教育，幼儿接受了美育教育，实际上是接受了一种高雅文化教育，从这种教育中提升了自身的道德情操。无论是音乐还是绘画，都是对一个国家、一个民族文化的凝结和升华，幼儿享受其中，"随风潜入夜，润物细无声"，自然能够陶冶情操，提升道德品质。

二、幼儿园美育的历史传承

我园美育课程走过了十一年历程，这是一个儿童美育的理念与行为由浅入深、做中求进步的过程。回顾往昔，我们经历了萌芽期、探索期和成熟期，从"美术特色活动"，走向"美工坊活动"，再升华至"生态玩美"课程。

（一）萌芽阶段：生活化的美术特色活动

2007 年始，我园以"七彩、多元、和谐"为办园核心理念，从园所文化到园务管理，从教师发展到课程建设均围绕此方向开展。与此同时，我园开始探索通过美术教育来践行办园理念。依托市级课题"以活启心智、以美育新人——幼儿园生活美育的实践研究"，从材料生活化、环境生活化、内容生活化、形式生活化四个核心点入手，经过几年努力，美术特色活动成为美育实施的主要途径。在此期间，我们虽一直坚持生活化理念，但因缺乏宏观规划和专家指导，教师、家长只关注到了幼儿美术作品的效果，只重视了幼儿在美术知识与技能上的获得，而忽视了活动与幼儿日常生活的关联性。

（二）探索阶段：内部统整的美工坊活动

2011 年，在一次市、区教研员对我园特色活动进行调研后，我们认识到幼儿园在美育理念、课程资源开发、游戏方式变革等方面存在的问题：一是游戏过程重教轻探，缺乏自主性；二是游戏领域指向单一，缺乏整合性；三是游戏形式封闭孤立，缺乏联通性。

反思后再出发，我们思考应如何改善原有缺乏自主性、缺乏整合性、缺乏联通性的生活美育活动的形状，从而达成内部统整的活动模式。我们开始寻觅在美术教学领域有影响力的专家。2012 年上半年，有幸与浙江师范大学杭州幼儿师范学院的吕耀坚副教授合作，对我园已有美育特色活动从理念到实践进行了全面梳理、定位与调整，理清美育特色活动对幼儿发展的适宜性、持久性与延伸性。

经过一个学期的研讨、整理和探索，在 2012 年下半年，我园建立了布艺坊、石艺坊、玩色坊、纸艺坊等四大美术工作坊。遵循自主性与规则性并重、游戏性与学习性平衡的理念，依托丰富多样的美工材料，以观察记录为反思改进的依据，让幼儿通过自由感知和创作、自我管理和评价，在全面均衡发展的基础上，进一步加强美术方面的个性化发展。2014 年，依托工作坊，课题"自主·整合·联通：幼儿园'玩美工作坊'构建与运作研究"在杭州市立项，我们的研究与实践逐步走向成熟，以"自主、整合、联通"的推进理念，搭建了自由交互、分享流通的四坊联动平台，构建了多科整合、自主探究的学习环境、实现了一科渗透、多元发展的教育理念。

（三）拓展阶段：内外协作的"生态玩美"课程

2015 年，在"院地合作项目"进驻我园的利好形势下，我们对已有的"玩美工作坊"项目进行了全面的审议和改进。其一，从原有偏重实践探索、缺少理论架构支撑的形态，逐步形成了清晰的课程框架，更好地关注了幼儿艺术学习特点，借鉴了国内外优秀课程理念。其二，受项目活动理念和策略启发，结合我园现有条件，将课程实施方式定位为"任务驱动式的项目活动"，将幼儿美术游戏与学习升级为顺应兴趣的深度游戏与学习。其三，从仅关注园内活动到重视与家庭、社区的协调配合；从生态的视角审视幼儿园课程，让幼儿学习更加整合，最终建构起具有我园园本特色的"生态玩美"课程。

三、对传统美育活动的反思

目前，传统美育教育中存在着一些问题，比如音乐欣赏忽视经典作品、绘画活动缺少自主创作、欣赏活动缺乏有效引导等。为解决以上问题，改变传统模式，适应教育新要求，我们在幼儿美育培养的过程中做出了如下思考。

（一）加强经典音乐的欣赏

音乐可以开发幼儿智力，激发幼儿想象力，提高幼儿记忆力，活跃思维及培养幼儿高尚的道德情操等，大部分幼儿园只注重幼儿音乐的欣赏和学习，却忽略了经典音乐。因此，幼儿园应该注重用经典音乐来培养幼儿的各项能力。幼儿虽然年龄小，但对音乐有着一种得天独厚的欣赏能力，让幼儿欣赏经典音乐更能提高他们对美的感受能力，比如经典钢琴曲《拉德斯基进行曲》这类音乐会带给孩子们欢快的体验，孩子们也会跟着节奏自由舞蹈。在进行音乐欣赏时，可以让孩子根据节奏来表达自己情感，是高兴，还是悲伤。长此以往，孩子们自然就学会了欣赏经典音乐。

（二）绘画要注重自主创作

在绘画的过程中，不能让幼儿照着图片画，而要给出一个情境，让幼儿自由发挥自己的想象力，自己来创作。这样，每一个孩子画出来的作品都是不一样的。我们可以借助绘本故事作画，给幼儿讲一个绘本故事，让幼儿根据故事情节来作画，这样就可以很好地发挥幼儿的想象空间，同时又能够提高自己的创作能力。教师要学会放手，不要给幼儿任何固定性知识的引导，比如草是绿的，天是蓝的等，而要让幼儿根据自己的喜好去创作，通过绘画表达出自己内心中的世界，这样幼儿才能更加喜欢画画，喜欢艺术，喜欢美的享受。图画中的每一个人物都是幼儿心中的独有形象，对幼儿来说，只有自主创作才更有艺术性，更有美感，自己的作品每一幅都是独特的最美的。教师只要从技巧的角度给予指导就可以了，如色彩的搭配、线条的绘画技巧等，这样孩子们就可以自由表达了。

（三）经典文学作品的赏析

在世界的美中，有一种是属于文字的，那就是我们延续了上下五千年的中华优秀文化，如琅琅上口的古诗词就是滋养熏陶幼儿的很好内容。有的人觉得孩子根本不懂，但有时候不一定要完全理解，先背下来，日后慢慢理解和体会也很好。对于孩子的成长来说，优秀的文化也是提升孩子美感的重要内容。所以我们在幼儿园开设了传统文化素养课，如学习《三字经》《弟子规》《千字文》等，让孩子在玩耍中了解这些内容，并背诵下来，这对他们的成长和发展都是有好处的。对于古诗句，如"大漠孤烟直，长河落日圆""飞流直下三千尺，疑是银河落九天"，孩子们了解后会在生活中将这些内容转化为自己的理解，慢慢体会其中的美。

（四）感受生活中的各种美

生活中的美好不仅仅是知识层面的，还有生活层面的，家人的鼓励与安慰、朋友之间的互相帮助等都是人间真情的美好，要教会孩子们去感受，去珍惜，去营造。行万里路，看万般风景，也是人生中的美好，要学会领悟行的收获是什么，边看边思考，在行路中学习和感悟，这样才能有更多的收获。美食也是生活中的一部分，学会品尝和制作美食，让生活更丰富，进而提升幼儿在生活中发现美、感受美的能力，让孩子们的心理更健康、积极、乐观。

第三节　"生态玩美"课程的理论基础与概念界定

我园具有丰富的物质资源，一类是浸润着审美意象的空间和场地等整体环境资源，另一类是优化的操作材料与辅助工具等具体材料资源。这是推动课程发展的重要基础和保障。从物质资源来看，四个工作坊的活动空间及多元的低结构性材料是支持课程的主要物质资源。从师资保障来看，多年的美工坊构建与运作，造就了一支专业水平较高的课程师资队伍。从课程实施来看，四个工作坊设定了由在艺术创意上有特长的教师负责，以坊主为核心管理者，带领其他成员共同推进课程的机制，使课程的实施有了保障。从课程建设来看，在园部的统筹下，组织了具有较强科研能力的教师，实地开发课程资源与内容，不仅在个体上提升了教师课程意识，也在整体上推动建设一支具有研究性与专业性的课程研发教师队伍。

一、"生态玩美"的理论基础

（一）基于生态美育理论

艺术教育是一种审美教育，而具有生态思维的艺术教育就生成一种新的教育范式——生态美育。所谓生态美育，是生态学、美学和教育学的有机结合，是一种注重生态观、生态生存观和生态审美观的教育。它以生态学原理为基础，将生态学原理推广到美学原理中去，通过生态审美实践，培养人的生态审美情感，提高生态审美能力及创新能力。生态审美教育的总趋势是建立人与自然、人与社会、人与人之间的和谐关系。其最终目的是教育幼儿如何保护、美化自然和社会环境，使人与自然、人与社会和谐、共同发展，帮助幼儿树立生态审美观念，引导幼儿在生活中发现美、感受美、表现美。

与生态学系统的和谐发展观相适应的"生态性"教学理念，其核心要义在于克服艺术教育中的灌输性教学，创造一种开放性教学环境，在艺术与其他学科资源的交叉领域中建立联系，创造教与学的碰撞、对话和交融的机会，在知识信息、道德情感、生活价值观等多元要素的均衡培育中，着力培养出全面的持续发展型学习主体。

（二）陈鹤琴幼儿美育原则

陈鹤琴认为：美育不同于科学，它是一种轻松愉快的、人人愿意接受的教育，是面向所有受教育者，以培养会审美的普通人为目标的教育，通过美的教育可以使人远离功利，使心灵进入到新的精神境界。幼儿美育目的就在于：陶冶幼儿的情操，启迪幼儿的审美情感，发展幼儿的欣赏能力，培养幼儿的创造能力。同时，陈鹤琴先生明确指出，美育不应让智慧与技能来支配幼儿，强调要通过美育来发展和培养幼儿的创造力，使幼儿表现真实的自己，导向于创造性的发展。

艺术是人类情感和精神生活的创造性表现，多数艺术表现形式都包含着特定的情感和思想。儿童通过艺术和自己情感生活的连接和相互作用，学习用艺术的方式表达和交流情感，获得创造、表现和交流能力，健全人格和陶冶情操。在石艺坊开展的主题活动"妈妈的节日"中，幼儿提出可以给妈妈送上自己的礼物，表达对妈妈的爱。活动从"妈妈喜欢什么"开始切入讨论妈妈的兴趣点。在这一任务的驱动下，让幼儿换位思考，培养移情能力、学会感恩。第二环节的讨论围绕"用什么材料做礼物"，有选择去布艺坊完成花、书制作的，有去玩色坊染布做围巾的，也有去纸艺坊做小摆饰的，更有制作饰品的十二个孩子选择了石艺坊，孩子们七嘴八舌，都非常有创意与想法。

（三）陶行知美育实践方针

陶行知先生一生十分重视美育，并在实践中研究美育方针，创新美育办法。他始终将美育与德智体美结合起来，创造"健康之堡垒、艺术之环境、生活之园地、艺术之气氛、真善美之人格"的"健康、科学、美术、劳动与民主组成之和谐生活，即和谐的教育"。同时他主张教育同实际生活有机结合，注重培养儿童的创造性和独立工作能力，因此在其美育实践中渗透着生活教育思想。

1. 联系生活优化学习资源，激发"玩美"兴趣

"生活即教育"是陶行知生活教育理论的核心。基于生活教育理论，结合"玩美"课程实施的实际情况，我们认为："生态玩美"与生活是同一过程，它的实施必须和生活相结合才能充分发挥价值。对于工坊活动而言，幼儿所处的生活环境和已经具备的生活经验是具备特殊价值的课程资源，蕴含着丰富的潜在教育契机。例如，在"红彤彤的年"主题工坊活动中，谈到了"你心中的年"，每个幼儿结合自身的经验给出回应，让主题的内容素材都趋向生活化，同时和幼儿商讨哪些内容可以在工坊中呈现，进而激发幼儿了解中国年、走进中国年的浓厚兴趣。根据讨论出的美术内容，幼儿自主收集生活中的废旧材料、布艺

材料、纸类材料、自然材料等可用材料，用于工坊美术活动。如在纸艺坊活动中，幼儿利用生活中收集的各种各样的纸，以纸编的手法呈现具有生活气息的蒸笼屉，可谓取之于生活，回归于生活。

2. 学做结合优化学习方式，促进"玩美"技能

陶行知提倡做中教，做中学，做中求进步，重视实践活动对获得直接经验的重要性，这对"生态玩美"课程有着重要的指导意义。"生态玩美"课程基于"做中学"和"学中做"的原则，以"幼儿自主动手"为主要学习方式，而不是教师的单向传授和幼儿的枯燥听讲。幼儿在动手又动脑的实际操作中学习新知，增长经验，提高动手实践能力，从而成为技能学习的主人。例如"制作中国结"这一教学内容包括鞭炮结、吉祥结、平结三种结的编法。为了避免教学形式的单一，教师可采取不同形式的学做结合。教学鞭炮结时，可以采用先自主探究，再合作学习的方式，让幼儿在拆分鞭炮结的过程中分享纸编方法。而在教学吉祥结时，由于有了鞭炮结的制作基础，因而在教学时可让幼儿根据制作图样进行尝试编织，教师进行适当的指导。平结的教学可采用教师板演的方式进行示范讲解，让幼儿在直观示范下进行学做结合，成为学习过程中的参与者和受益者。

3. 过程交流优化学习生态，展示"玩美"成果

陶行知主张"民主教育"，即"教人做主人，做自己的主人，做国家的主人，做世界的主人"。工坊活动中，要引导幼儿交流在学习过程中的体会和收获，在多种评价中成为学习的主人。在"红彤彤的年"主题学习项目下的"中国结"一系列教学结束后，教师专门设计了交流与评价课，这节课分以下几个环节。

◎出示本期主题下幼儿的作品，以小组为单位进行评价打分，评出最佳创意奖、最佳制作奖等。

◎幼儿交流心得体会，这些心得体会可以以制作故事分享的形式呈现，重在让幼儿产生情感的共鸣。

◎幼儿交流如何进行再创造。

◎教师评价。教师要肯定学生的劳动成果，以增强能力较弱幼儿的信心，提高能力较强幼儿的再创造欲望。

（四）高宽课程模式

高宽课程起源于 20 世纪 60 年代的美国，是以促进幼儿主动学习为理念的

学前教育课程模式。该课程鼓励幼儿主动学习，主张儿童的知识世界是由儿童自己建构起来的。教育者的基本任务是为支持、鼓励和引导幼儿去探索环境而创设支持性的学习氛围、提供适宜的活动材料，尊重幼儿的主体地位，以促进幼儿在已有的知识经验基础上，与周围的环境产生互动，获得主动发展。

1. 配合幼儿学习，做有准备的教师

教师并不是知识的灌输者，而是幼儿学习的合作者与支持者，如果教师只从自己的角度出发，不考虑幼儿的需求，就会出现幼儿的参与流于形式、师幼互动缺乏升级、游戏活动偏离以幼为本等问题。"有准备的教师"要求幼儿教师在进行教学活动之前深入了解幼儿的需求与想法，明确熟悉教学目标、内容、对象，对教学过程中的突发状况做到有所准备。只有做一个有准备的教师，才能更好地在教学活动中配合幼儿的主动学习，支持幼儿的主动发展。

2. 优化环境布置，加强氛围的熏陶

创设主动学习环境是高宽课程实施的一种主要途径，若能为幼儿创设富有美感的环境，就会在潜移默化中给予幼儿启发，丰富幼儿的审美经验，激发幼儿的表现力和创造欲望。教师应该重视美术氛围的营造，通过实物、图片的收集、展示，运用现代化多媒体教学技术等各种途径，创设富有情趣的生活化的美的情境，激发幼儿热爱生活的美好情感。例如在"中国娃"这个主题中，幼儿认识了各民族的服装，感受了民族服饰的特点，知道了每个民族都有自己代表性的服饰。教师通过环境布置、作品展示渲染喜庆、热闹的氛围，用富有中国特色的手工艺品如剪纸、蜡染、年画等布置活动室、走廊，让幼儿感受生活中美的元素，体会中华民族丰富多彩的特色。

3. 准备适宜材料，支持幼儿的创造

幼儿的发展是在与材料的互动中进行的，高宽课程认为，适宜的材料准备能够促进幼儿的主动发展。在"生态玩美"课程中，教师要充分考虑幼儿的兴趣与需要，提供类型多样、数量充足、便于幼儿主动探索的操作材料。这些材料既要能够拓展幼儿的兴趣，又要具备发展幼儿能力的独特价值，并且是具备可加工改造属性的，可让幼儿在活动过程中自由创作。

二、"生态玩美"的概念界定

（一）生态与"玩美"

生态：以一种生态的原理和方法来思考、解释复杂的教育问题的理念和策略，是一种系统观、整体观、联通观、和谐观、均衡观下的教育，是一种模仿自然的生态系统，在人与自然、人与社会、人与人、人的内心与行为之间建立一种互补共生、交叉融合、持续发展的生态关系，用"爱""美""生命"的意义，丰富幼儿的体验，培养幼儿的兴趣，开发幼儿的潜能，激发幼儿的智慧，启迪幼儿的心灵，为幼儿全面发展和终身发展奠定坚实的基础，使人的自然性、社会性、艺术性得到全面、和谐、可持续发展，从而实现自然与人类、个人与社会、人的感性与理性、真善美的统一。

"玩美"：基于儿童立场，尊重幼儿的生长发展规律，培养其自主计划、自由想象、自主创作、自我管理、自觉反思的学习品质。在学习过程中支持幼儿热情、投入地主动学习，并追寻幼儿兴趣，满足幼儿需要，且注重幼儿经验的自主性建构。

（二）"生态玩美"课程的含义

"生态"是我园实施课程的理念，"玩"和"美"是学习形式、状态和结果的有机体。"玩"既是状态，也是学习方式。在"无拘无束、自由自在"的游戏中"回归本真、彰显自我"。"美"既是指玩的内容，也是过程和结果。"生态玩美"课程不仅关注结果的审美创造，更注重过程中彰显的学习品质。基于"生态玩美"课程的理念诠释，提炼出"生活""审美""创造""深度""生态"五个核心理念及"兴趣""审美""创造""主动"四个关键词。

"生态玩美"课程遵循开启、开放和开创的原则。开启，指幼儿学习发展的初始阶段，它以后继学习和终身发展为目标，是促进幼儿可持续良性发展的起点和开始。开放，这里包括教师和幼儿关系的开放、使用材料的开放、环境的开放、涂鸦形式的开放。开创，是指幼儿在自由自在的艺术涂鸦活动中的一种创造性表达和表现，是涂鸦系列活动的理想状态。

"生态玩美"课程强调宽松自由的环境。幼儿在被尊重和被理解的环境中，能够借助艺术媒介，用自己的方式表达内心对某一事物的感受和想法，进行创造性艺术探索和表征。

　　"生态玩美"课程注重活动之间的关联。各项活动之间呈现线索关联和经验关联，教师以观察的方式认识和了解幼儿的学习特点和需求，并给予适宜性的意见和支持，以更有效地促进幼儿积极主动地朝着既定方向发展。

　　总而言之，开发与实施"生态玩美"课程，需要将视角从教师主导转变为幼儿主体，立足幼儿天性，回归幼儿教育本源，尊重幼儿发展规律，注重"开启"对幼儿的发展意义，为幼儿创设自由自在、丰富多元的"开放"探索时空，促进幼儿有能力"开创"新的审美生活世界的园本化"玩美"工坊艺术课程愿景。通过聚焦幼儿学习品质这一核心问题，创设支持性"玩美"的环境，建立灵活性活动资源，以探究追踪式幼儿学习品质的实施方式、探索发现式评价策略，实现从教师本位到儿童本位、预设内容到生成内容、目标导向到过程导向、固化资源到开放资源、问题评价到欣赏评价转变的创新型"生态玩美"课程。

第二章

"生态玩美"课程的目标与内容

"生态玩美"课程的建设是一个系统工程（如图 2-1），课程资源和保障机制作为外部系统，课程框架就是一个内部系统，课程架构应围绕此框架展开，具体包含课程目标、课程内容、课程实施和课程评价四大要素及其相互的关系。

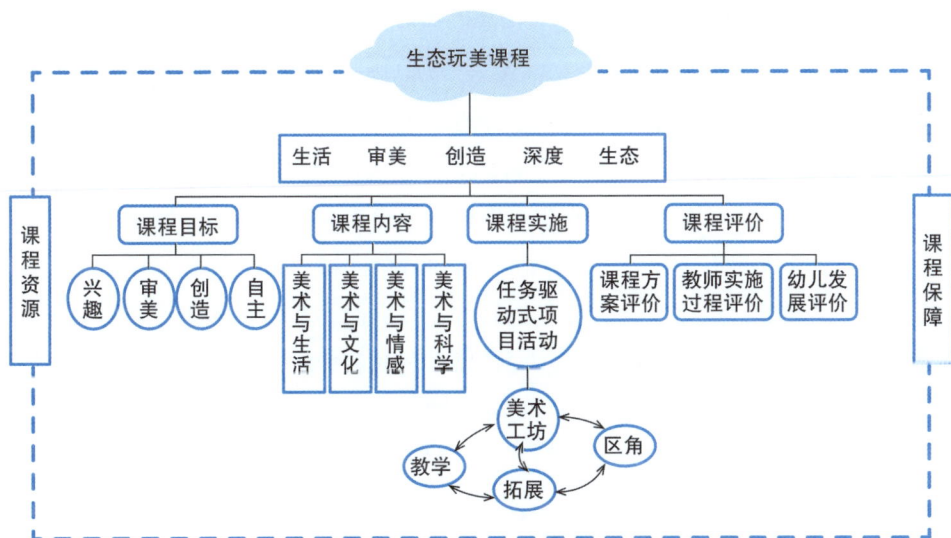

图 2-1 "生态玩美"课程框架图

第一节 "生态玩美"课程的园所图景

教育的本质是用美好的创造延展人生，而最美的教育不过是投其所好而已。平凡的生活中可以萃取出多美好的东西，通过"生态玩美"课程，用最美好、最贴近心灵的方式，记录孩子们学习、思考的痕迹，每一个地方都体现从儿童视角出发的全新思考。无论是最初的空旷如野还是如今的树木成荫，美好一直在这里。万物萌发、桃花灼灼，创设"生态玩美"课程的念头在心中萌芽，美育之路就此展开；扬歌觅柳、踏雪寻梅，积淀出特色美术工坊活动，让儿童感受真实而朴素的美好；丹桂飘香、硕果满枝，怀揣着感悟和收获在美育之路上不断蜕变、升华、绽放。教师在课程实施中能形成有效的教学能力，关注课程理念和目标，理解幼儿的发展是从兴趣中启发、审美中提升、创造中体现、主动中学习，课程拓展的并不仅仅是内容，而是将课程的目标进行升华，为幼儿的个性发展提供平台，这才是幼儿园特色课程实施的长远意义。有效的教学能力体现在幼儿园教师的保教质量意识与主动行为中，幼儿的学习关键在于积极主动地参与游戏活动，教师需要为幼儿创设能让其全身心投入的环境，并为幼儿的学习提供支持与帮助，拓展他们的经验，这就是推动课程发展的要素。

一、基于"美好教育"新样态下构建的美好园所

我们幼儿园的教育活动以"生活美育"为品牌特色，经过多年的实践，我们发现：我们需要开发设计一种以游戏为基本活动，以幼儿自主发展为核心理念的"生态玩美"课程体系。我们在了解幼儿对美术活动真实诉求的基础之上，创设"布艺""石艺""纸艺""玩色"工作坊，创建了育美的环境，提供了丰富多样的材料，并以此为载体，融合基础课程和特色课程，采用适当引导、实践体验式的学习模式，以生活化、游戏化的方式来启迪幼儿内在兴趣、发展幼儿多元能力、培育幼儿美学修养，让幼儿在"玩"的过程中实现"美"的目标。

（一）从理念到行为，让美好愿景逐一实现

特色鲜明：以文化建设为抓手，坚持美好教育理念，形成幼儿园独有特色，打造幼儿园"生态玩美"课程文化。

行业标杆：借力高校合作契机，整合本园发展优势与高校在幼儿教育政策与管理、幼儿教师专业发展、幼儿课程建设等方面的专业力量。

智慧驱动：以打造智慧教育为目标，融入现代化信息技术与智慧课堂要素，打造一个信息化、平台互通的现代幼儿园。

学院派风范：提升教师的教育教学研究能力，体现与学院合作的学术底蕴、专业功力、先锋示范等特征，打造草根名师和实践研究者。

（二）从推进到深化，让内部成长成为本能

基于"生态玩美"特色课程，从园所环境的打造、材料的选择与投放、作品的交流与投放等方面，多维度创设一个有效的、"美"的环境，充分挖掘与"玩

美"课程相关联的有效资源。同时我们从工坊的运行和管理、专家的支持和帮助等方面为园所环境的打造提供了强有力的保障,支撑幼儿的"玩学"体验,进一步促进幼儿对"美"的感受和判断,这些对培养幼儿美好的学习品质具有重要意义。

1. 园所整体打造思路

"生态玩美体验课程"注重幼儿在活动中"玩"的体验,从而达到"美"的目标。本园所的环境创设是在尊重幼儿在环境创设中的重要地位的基础上进行的,将幼儿作为环境创设的主体参考,以及环境实践的重要参与者。在引导幼儿欣赏的基础上丰富幼儿的视觉感受与体验,启发幼儿创造的兴趣与热情,并将幼儿创作的作品共同呈现在大的环境中。幼儿与环境的不断互动,是不断产生"美"的过程,包括美好作品的展示、美好学习品质的养成等等。

2. 课程特色环境与其他环境

(1)应"需"而设——创建特色工坊

在各坊环境创设起始部分,我们通过对幼儿的细致观察,深入分析了幼儿的兴趣和需要,并根据幼儿园本身的地理条件和幼儿的兴趣,创设了不同内容的四大工作坊(如图2-2)。为了让工作坊环境真正地为幼儿服务,我们充分利用每个楼层宽大的走廊,进行封闭式包装,最大化利用幼儿园的环境,让幼儿无论是在什么季节都可以进行活动。

布艺坊:以布为主材料,需要一定的技能,也需要安静操作。我们设计了三个独立且整合的操作空间,每个区间都有特定的操作方式,是"流水线型"的空间创设。

石艺坊:原材料是幼儿园所在地的特殊资源,江边石材丰富,浑然天成的形态为幼儿园的美育提供了得天独厚的条件。利用长廊进行区域划分,让幼儿主动进行操作游戏。

玩色坊:是所有工作坊活动的基础,开放式的空间。我们创设了独特的行进式空间布局,没有固定的流程,但每个区间都呈现了隐性的探究性过程。

纸艺坊:以纸为原材料,通过四大操作间,将纸进行了最大化的利用。充分运用长廊,根据纸的特性分成两大工作间,每个工作间都是一个独立的坊间。

布艺坊

石艺坊

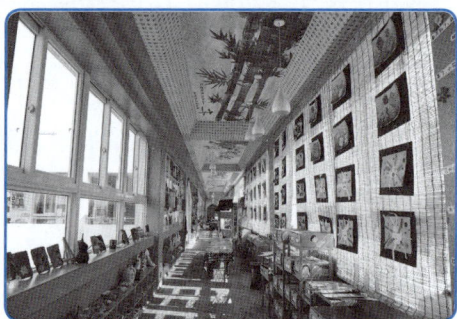

玩色坊

纸艺坊

图 2-2　四个工作坊的实地环境

（2）应"美"而建——合理打造空间

　　每个工作坊都有自己的特点，如何把孩子的需求和各坊的基本环境有机结合是我们本次环境创设研究的重点和难点。基于此，我们在各坊的空间格局上做了文章，通过个性化的装点使每个工作坊都能充分在环境上体现各坊自己的特色，更好地促进幼儿的"玩"。幼儿的操作和我们成人不同，成人可以直接用材料进行创作，但幼儿需要一个循序渐进的过程，在制作之前，需要先用笔将自己的想法画下来，然后根据自己的设计去挑选所需要的材料进行制作，再展示。因此，根据每个工坊的实际情况，我们把工作坊划分成了几个区块，大致包括设计间、材料间、制作间、展示间等。在硬件添设、功能设定、区域布局上给孩子自主创造、自由交流、自由尝试、自由探索、自由发现提供实践场地（见表2-1）。

表2-1 四个工作坊环境个性化设计一览表

个性化设计	各坊名称			
	布艺坊	石艺坊	玩色坊	纸艺坊
空间格局	充分利用美术教室的空间资源，根据布艺创作的流程特点，划分成循环式的若干区块，如设计间、打样间、制作间、展示间等，并通过凌空悬挂、摆放等方式充分利用各个空间。	根据长廊的特点及石头材质的特殊性，以室内外相结合的方式设置洗刷区、设计间、材料间、多主题制作间、展示间，从顶、柱、面三维立体来装点石艺坊，更显石艺坊的通透性。	根据幼儿在主题生活中发现并感兴趣的内容，设置四大主题创作间：色彩魔术间、主题玩色间、趣味印染间、快乐涂鸦间，各间呈独立区块分隔。	根据纸的不同特性，从幼儿的兴趣点提炼，我们将纸艺坊分为干湿两大块，分隔成纸编、纸贴、纸塑和纸浆四大空间，提供给幼儿更多的选择空间。
特点	各空间区块呈递进式。	室内外结合，多主题制作间。	按主题分区，独立分隔。	根据干湿特点划区，每个区块各呈现两个小区块。

由于石玩工作材料的特殊性，幼儿在创作时要经过挑选、洗刷石头—根据石头形态创想设计—选择辅助材料—主题创作这四个环节，前三个环节是递进关系，到最后创作时是不同主题的并列关系。在这四个区域中体现幼儿自主性的四个过程：选（选石头）—想（思考用石头做什么）—做（将不同石头组合）—展（展示作品）。以此初步完成石玩创作的过程。每个工作间的格局和具体创设如图2-3。

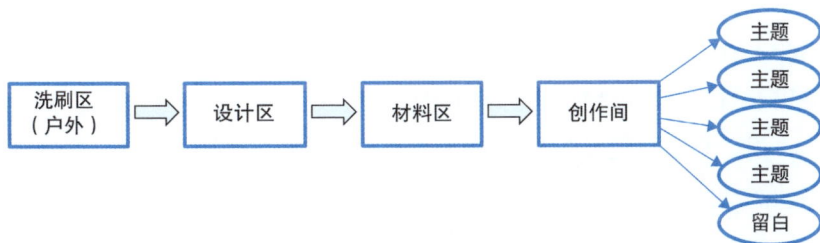

图2-3 石玩创作工作坊格局

（3）应"适"而调——了解幼儿需求

在这个过程中，我们进一步观察了解幼儿的需要和兴趣点，并以此作为创设游戏环境的依据。在了解幼儿的基础上创设相应的环境，更加有利于促进幼儿"玩"的体验。整个环境创设的过程，是幼儿不断参与的过程，是幼儿"玩"之后对其认识里的"美"的反馈和总结，同时付诸实践的过程。

（4）应"趣"而生——展现美好样态

工坊环境的布置应能培养幼儿初步的感受美、表现美的情趣和能力，对幼儿进行美育。要达到这个目的，教师必须尊重幼儿的审美情趣，满足儿童的审美需要，装饰的墙面不仅要色彩艳丽、明快，还应生动活泼、富有童趣。优美的环境对于容易接受鲜明形象的幼儿来说十分必要，教师应根据儿童的年龄特点，引导和培养儿童的审美能力，达到"让墙面说话"的效果，让环境创设富有教育意义。

我们创设的每个区域都有对应的教育目标，也有自己的教育观念。每一部分的环境我们都合理利用，充分体现教与学的功能，使幼儿潜移默化地受到教育。我们根据主题的内容对墙面进行了装饰，以便在活动中发挥幼儿的想象创造力，发展幼儿动手能力和认知能力。

第一，驻足墙面。在工作坊的周围张贴了各种工坊的图片，鼓励孩子收集各种工坊材料进行创作，张贴玩法和规则图文，供幼儿欣赏交流，吸引幼儿的眼球，激发他们的兴趣。

第二，立足桌面。将一些制作的步骤或示范图贴在桌面，方便幼儿在游戏过程中进行参考，激发幼儿参加工坊活动的兴趣和欲望，为开展游戏进行良好的铺垫。

第三，扩充地面。充分利用工坊的空间资源在走廊、地面上设计多种路线图和指示牌，让幼儿能够在不熟悉工坊活动的情况下根据指示图标等了解行动的路径和步骤，以及该遵守的一些规则。

除以上与课程特色相关的工坊环境外，班级也是我们实施"玩美"课程的一个阵地，用以总结前期经验与后期梳理学习的情况。它是工坊的一个拓展性阵营，多功能的区角环境给予幼儿多种选择的机会和条件，激发幼儿参与自主创作的兴趣和积极性，并使其通过区角活动获得多层次的美感、经验和情绪体验，从而促进幼儿全面和谐地发展。

3. 材料的选择与投放

幼儿通过材料了解世界，表达自己的想法。材料本身的结构特点及材料间的结构关系能够体现美术核心经验的结构。材料与核心经验间的一致性越高，对幼儿美术学习的支持促进作用越大。工坊活动离不开材料，幼儿的发展是在同材料在内的客观事物相互作用中实现的。这些物质材料能在促进活动顺利开展的同时，满足幼儿需要并促进幼儿发展。科学合理的材料投放更有利于幼儿操作和游戏，激发幼儿游戏的积极性（见表2-2）。

表2-2 布艺坊材料资源库

材料投放区域划分	材料类别	初期	中期	后期
设计间	主材料	设计稿空白稿100张	设计稿（横、竖）空白稿100张	设计稿（横、竖）空白稿100张
	辅助材料	塑料设计板若干	塑料设计板若干：圆形、半圆形模具	塑料设计板若干：自制正方形、三角形设计板
	工具	油画棒10盒，粗记号笔30支	油画棒10盒，两头记号笔30支，彩色笔30盒	油画棒10盒，两头记号笔30支，彩铅30盒，卷笔刀5个，橡皮若干
打样间	主材料	各色不织布	各色不织布、棉布、纱布	各色不织布、棉布、纱布，自制染色棉布
	辅助材料	金色、白色细软铁丝各30根，红色长吸管100根，白色软粗铁丝40根	金色、白色细软铁丝各30根，红色长吸管100根，白色软粗铁丝40根，眼睛贴中、大各80只，扭扭棒50根	金色、白色细软铁丝各30根，红色长吸管100根，白色软粗铁丝40根，眼睛贴中、大各80只，扭扭棒50根，胶带3卷，自制布小棒若干
	工具	剪刀20把，划粉饼4盒（不同颜色），酒精胶20瓶，托盘30个	剪刀20把，划粉饼4盒（不同颜色），酒精胶20瓶，直尺10把，三角尺10把，托盘30个	剪刀20把，划粉饼4盒（不同颜色），酒精胶20瓶，直尺10把，三角尺10把，泡沫胶5卷，绷圈小、中、大号若干，托盘30个
	个性化材料	点线器（滚轮），皮尺31根	点线器（滚轮），皮尺31根，白尼龙安全锤4个	点线器（滚轮），皮尺31根，白尼龙安全锤4个，木夹若干

续表

材料投放区域划分	材料类别	初期	中期	后期
缝制间	主材料	各型号针若干，各色缝纫线若干	各型号针若干，各色缝纫线若干，各种类的彩带若干	各型号针若干，各色缝纫线若干，各种类的彩带若干
	辅助材料	大小不同纽扣3盒，彩色毛毛球4包，宽彩带若干	大小不同纽扣4盒，彩色毛毛球4包，宽彩带若干，各色毛线若干，装饰小物件4盒	大小不同纽扣4盒，彩色毛毛球4包，宽彩带若干，毛线若干，装饰物件4盒，装饰亮片3盒，大小珠子4盒，珠片2盒，棉花若干，雌雄扣4板
	工具	自制插针球10个，酒精胶10瓶，固体胶10瓶	自制插针球10个，酒精胶10瓶，固体胶10瓶，双面胶4卷，透明胶2卷	自制插针球10个，酒精胶10瓶，固体胶10瓶，双面胶4卷，透明胶2卷，剪刀10把，木架5个
	个性化材料	护目镜20副	顶针10个，透气护目镜30副，夹子10个，针法示意图若干	顶针10个，透气护目镜30副，牛皮筋若干，发箍10个，不同型号发夹20个，穿针打结示意图4份，针法示意图若干
教师工作台	主材料	各色不织布若干，棉布若干	各色不织布若干，圆点棉布4块，纱布若干，自制染色棉布若干	各色不织布若干，圆点棉布6块，纱布若干，自制染色棉布若干
	辅助材料	毛毛球100个，有形状的彩色贴5张，扭扭棒40根，眼睛贴大的若干	彩色毛球100个，有形状的彩色贴5张，扭扭棒40根，眼睛贴大的若干，针线各一包，各色毛线若干	彩色毛球100个，有形状的彩色贴5张，扭扭棒40根，大的眼睛贴若干，针线各一包，各色毛线若干，丝带若干
	工具	剪刀2把，双面胶4卷，彩铅2盒	剪刀2把，双面胶4卷，彩铅2盒，花边剪刀2把，大剪刀1把，工字钉4盒	剪刀2把，双面胶4卷，彩铅2盒，花边剪刀2把，大剪刀1把，工作板2块，皮尺2把，工字钉4盒，一米长木尺1把，胶枪2把，胶55根
	个性化材料	卷尺1个，大型缝纫机1台	卷尺1个，大型缝纫机1台，钻孔机2个	卷尺1个，大型缝纫机1台，钻孔机2个，小型缝纫机1台，图书4本

（1）"活"材料的选择

工坊中材料的投放并不是毫无目的、毫无思考的，而是需要经过深思熟虑、仔细筛选的。在工坊材料的选择上，安全性应是第一位的。为幼儿提供活动材料时，应选择无毒、无味，对幼儿无安全隐患的制作原料。制作前进行彻底的清洁消毒。丰富的材料投放可以为幼儿的自主游戏提供前期的保障，选择适宜的材料同样至关重要。因此，我们认为："玩美"材料不一定非要现成的，更不能固定不变，应该是活动的、变化的、可塑造的，是可承载孩子想象的。材料的可变、可操作性是吸引孩子长久游戏的重要因素。"玩美"工作坊中的"活"材料不仅丰富了幼儿游戏的内容和形式，还可以激发幼儿的游戏动机和游戏构思，引起幼儿的游戏联想和游戏行动。其中，废旧物品作为游戏的材料在工作坊游戏中得到大量的运用，具有独特价值。在选择材料时要遵循以下原则。

第一，材料要能拓展幼儿的兴趣。 儿童在探究和建构对周围世界的理解中，更关注细节，更乐于尝试操作，更愿意与他们遇到的一切事物互动。因此，在幼儿美术学习中，我们要依托幼儿的兴趣点，选择相关的材料。材料要能促进幼儿探索新的操作方法，这就要求提供的材料具有丰富的可游戏性、复杂性及使用方式的多样性，能激发幼儿在熟悉的材料上运用新的方法去操作。"玩美"材料在支持幼儿"玩"的同时还具有探究性，可以引发幼儿动脑、动手，支持幼儿与活动环境的积极互动，引导幼儿根据自己的兴趣爱好对客观事物进行动脑思考和动手操作。

👤 **案例 2-1**

纸艺坊的纸浆区内，孩子们正要开始制作纸浆，卿卿大声喊了起来："不好，卫生纸没有了！"果然，材料间里报纸、画纸、广告纸等全部都有，唯独没有卫生纸。孩子们犯难了，这可怎么办？这时小钰想起来："报纸好像也可以做纸浆的，我看见华老师做过！""啊？报纸这么厚，也能做吗？""我们试试看呗！"于是孩子们七手八脚地把报纸扔进了制浆桶里，倒上水，用力地搓了起来，可是搓不烂。"要不，多泡一会儿试试？"我忍不住提出建议，大家接受我的建议又泡了一会儿，然后使出大力搓了起来。呀！居然搓烂了，过了一会儿，报纸纸浆就做好了。孩子们发现，原来不光可以用卫生纸

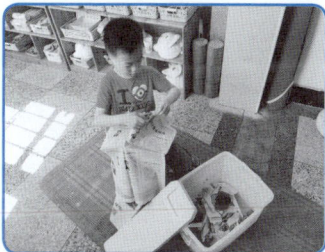

搓纸浆，报纸也可以！

第二，材料要可加工、可改造。非结构化、可加工改造的材料有多种使用方法，能够实现不同目的，从而激发儿童的潜力，调动已有经验，并激发儿童的想象力。如在小组组合鳄鱼牙齿时，提供的一些替代性材料，比如毛球、超轻黏土、扭扭棒等，可以激发其畅想的欲望，为游戏的开展打下良好的基础。

第三，材料要能提升幼儿审美能力。我们通过精心挑选"美"的材料，突出周围环境中丰富的审美元素，回应儿童与生俱来的对审美特质的意识，从而提高幼儿的审美能力。

第四，材料要结合地域资源。大自然、大社会的多种资源，经过选择后都能成为游戏的材料。如沙石水土、花鸟草虫、果叶竹柳、锅碗瓢盆、瓶子盒子、箱子纽扣等。

(2)"巧"材料的投放

幼儿在工坊"玩"的过程中，自主选择投放的自己喜欢的材料，装饰、创作自己的作品。幼儿选材的过程就是其审美意识不断形成和开拓（提升）的过程，他们会选择自己认为漂亮的、合适的材料进行创作，在反复的尝试创作中，不断提高作品的可观赏性，使其达到"美"的标准。因此，丰富的材料是幼儿不断感受美、接近美的重要媒介。

第一，针对性和计划性。不同年龄的幼儿处于不同的身心发展水平阶段。因此，活动区域中应根据不同年龄段幼儿的身心特点投放不同层次的活动材料，做到有的放矢，具有针对性和计划性。每个工坊都有独特的特点，我们需要根据工坊的不同，有计划地投放适合工坊的材料。

第二，层次性和动态性。从材料的加工程度来讲，可为同个活动区提供原材料、半成品和成品。材料的投入不能一成不变，而要根据幼儿的发展需求，定期、不定期地进行调整、补充。我们根据幼儿的活动情况及材料的运用情况及时调整，阶段性地进行投放。

第三，创造性和美观性。在幼儿熟悉材料后，教师要运用不同的组合方式或在特殊情境中展示特定材料的方法，突出材料的某些特征，从而在深层意义上丰富材料的游戏性、复杂性及材料使用方式的多样性。在工坊游戏的过程中，很多材料都需要幼儿自发去学习与运用。因此还可以放置一些可以让幼儿学习的间接材料，如投放供幼儿学习的鉴赏类材料，可以为幼儿的创作提供支持。

案例 2-2

　　贝贝要给他制作好的脸谱装饰眼睛时，发现动态眼睛贴这种材料没有了，就选择两个毛毛球去代替。但是对比了毛毛球后发现设计的眼睛是细长的，有点不像，于是他找来了绳子想要自己拼一个眼睛，但是怎么也粘不住，尝试了多次后都没有找到相匹配的眼睛的材料。突然，他瞄到了展示架上一个用衍纸制作而成的作品，于是他运用衍纸制作了两个相匹配的眼睛。当别的小朋友看到他的作品时，都为他竖起了大拇指。

4. 作品的交流与呈现

　　作品的呈现要符合幼儿的情趣，它包括幼儿的参与性、操作性、可玩性。首先，要让幼儿的作品参与到整个工坊的环境之中，包括构思、设计、制作。设计构思时，首先让幼儿充分讨论，一起动手制作和布置，最后共同为每一幅作品取名字。在这一过程中，幼儿全身心参与和投入，不仅和同伴分享成功的喜悦，而且对自己的劳动成果倍感亲切和珍惜，从而也很自然地达到了接受其影响的目的。制作的作品，可以最大限度地让幼儿自己获得成就感和自信心。作品除了可以在工作坊的各个主题中呈现外，还可以在其他的环境中体现，甚至可以在整个幼儿园的交换驿站里进行流动展示。

5. 园所环境的基本保障

　　在建构与运作"玩美"工作坊时，我们很重视保障机制的建立，专门成立了课程环境保障小组，制定了一系列的相关制度，为"玩美"工作坊的开展与运行提供保障。

　　（1）工坊运行保障

　　第一，规则制定。工作坊游戏是一种体现创造性的自主游戏，工作坊的规则可以通过环境进行隐性体现。在游戏过程中，老师和幼儿共同设计简单的、必要的游戏规则。规则的建立要符合幼儿的需要，服从幼儿共同游戏的需要。在规则制定时，充分发挥幼儿的自主性、创造性，根据幼儿的理解自己制定游戏规则，培养他们发现问题和解决问题的能力。教师帮助幼儿创设更多的情景和空间，引导他们自主创编游戏规则，包括隐性规则和显性规则。

　　隐性的游戏规则，指幼儿为了玩得好，能够在游戏中用规则自动约束自己的行为；在游戏中，教师应引导幼儿自主创立游戏规则，自我管理。这就是幼儿在工作坊游戏中的隐性规则，具有自然的约束力，幼儿在游戏中愿意也较容易执行，不会感到是外在的强制性要求而不得不执行。

显性的游戏规则，指游戏过程中为了保证幼儿的安全，使活动顺利进行，在游戏开始前由坊主或小坊主向坊员们提出的规则，是人人可以看到和直接认可的。有的坊制定了关于材料、道具使用方面的规则，有的坊制定制作过程的示意图规则。具体的显性游戏规则有《工作坊值日生制度》《工作坊自我整理制度》《工作坊操作具体要求规则》等。

👤 案例2-3

在布艺坊中，我们巧妙地运用标识，帮助教师有效地管理幼儿和开展活动。有时，我们也会根据需要，营造活动气氛，吸引幼儿以积极的心态参与活动，满足幼儿的活动需要。对于小班的幼儿，我们会张贴一些简单易懂的过程性图标，如"瞧我有多棒！""我设计我快乐"等内容的过程性图标，悬挂于布艺坊的各个

区间内。对于中大班的幼儿，我们会张贴"我会自己裁剪布料""我会自己穿针引线""我会自己缝制布料"等内容的过程性图标，借助标识来提醒幼儿注意事项，使得过程性图标的情感性教育作用得以最大限度地发挥，从而增强幼儿的自信心。

第二，材料提供。坊主每月都会向各班班主任发放一张所需材料单，这些材料一般是比较常见的，而且是容易收集的。请各班主任向班级的幼儿和家长收集这些材料，家长收集后由班级教师负责整理和筛选，之后坊主再统一去每个班选择自己工坊所需的材料，进行清洁和整理后，分批投放到工坊中。另外，对于坊内的一些特殊材料，我们也会请各坊的小值日生到幼儿园的各个地方去收集，然后整理存放。

我园还给"玩美"工作坊设立了专项资金。每月有专门的坊主对工坊内的材料进行统计和整理，记录材料的消耗情况。对于一些不易收集的个性化材料，可以在月末填写工坊材料申购单，经过园领导的审批后可以直接通过网络和实体店进行购买。

第三，时间安排。针对不同年龄段幼儿的特点、班级数和活动内容的难易程度等因素考虑，我们在活动时间的安排上既体现规律性，又体现灵活调配性，充分发挥幼儿的自主意识。根据幼儿的一日活动安排，园部统一部署，工坊内每周五闭馆，周二到周四进行工坊开放活动，根据年龄段的特征开展不同主题的工坊游戏活动。保障幼儿有充分的活动时间，保证每个班级的幼儿每周能进入四个工作坊进行活动，每次活动不少于一小时。班级之间打通游戏，幼儿可以在安排的游戏时间里尽情地在工作坊中自由创作、自我管理。

（2）工坊管理保障

第一，坊主管理制。园部成立专职小组，设有指导活动的负责老师，统筹和运行活动的负责老师，落实和实施活动的负责老师。在全园教师自主报名和推荐的基础上产生各坊的坊主和成员，设立专职坊主、副坊主、成员。坊主统筹管理工坊，规划工坊的环境，根据坊内教师的特长，安排坊内相应的职务，如材料购买、环境布置、卫生监督等，合理安排坊内流动资金的正常使用。落实《工坊岗位职责制度》《"玩美"工坊活动制度》等多项管理制度，为"玩美"工作坊活动的开展和推进提供保障。

第二，积赞评价制。在充分尊重幼儿的基础上，各坊根据幼儿在工作坊游戏中的自我管理、创意、习惯、合作等方面的表现，采用个性化的粘纸进行积分记录，在期末评选出"优秀小坊主""好习惯小坊员"等，颁发奖状。获奖幼儿可在教师工作台中，选择自己最喜欢的教师自制小作品作为奖励。

第三，评比考核制。定期对各工作坊环境创设与调整情况进行交叉性的互评、交流，工作坊幼儿活动情况观摩、互评，评选"最美工作坊"。每学期采用自评和小组推荐的形式，结合教师平时表现进行积分考核，评选出"最佳坊主""最佳副坊主""最佳坊员"，并给予相应的外出培训奖励，以提高教师的积极性，促进各坊的不断交流和提升。

（3）课程资源保障

第一，专家指导引领。我园从人力、物力等方面挖掘和统筹了相关的指导资源。特别聘请浙江师范大学杭州幼儿师范学院的课程专家、中国美术学院的教授、省特级教师等作为幼儿园的专家组，采取"请进来、走出去"的方式，邀请专家来园进行理念和方向性的指导，还分批到一些特色幼儿园及机构进行观摩、交流，教师们在理念上、眼界上均得到提升和拓展。

第二，教研内部提升。教研活动是教师提升能力的另一途径，主要解决教师实践中存在的问题和疑难杂症。通过教研可以改进方法，积累经验。近几年来，我们都是围绕"玩美工坊"开展教研活动，通过研讨和交流提升教师对环境的建构能力、游戏的组织能力和课程的实施能力。

6. 环境的创设与课程

我园具有优良的物质环境，一类是浸润着审美意象的空间和场地等整体环境，另一类是优化的操作材料与辅助工具等具体材料。这是推动课程发展的重要基础和保障。具体来说，四个工作坊的活动空间及提供的多元的、低结构性材料，是支持课程的主要物质资源。

从课程的实施来看，四个坊设定了在艺术创意上有特长的教师进行负责，以坊主为核心管理者，带领其他成员共同推进课程，使课程的实施有保障。从课程建设来看，在园部的统筹下，组织了具有较强科研能力的老师，实地开发课程资源与内容，不仅提升了教师的课程意识，也培养了一支具有研究性与专业性的课程研发队伍。我们慢慢品味出了属于自己的幼儿园课程文化，即本着"一切为儿童"的初心，采取"平等对话"的策略，建立起与课程建设相关群体的"合作关系"。

宽松的课程环境、美观的空间环境、充足且多样化的操作材料，不仅吸引幼儿多感官的参与，而且让教师也能处在一个舒适的环境中工作。这样的环境有助于拓展幼儿的经验，激发幼儿思考。从幼儿在活动中的行经路线来看，每个任务链接经验，经验的探寻势必激发幼儿的主动探究。在探究过程中，幼儿自然地尝试与学习，这就是一个主动学习的过程，也是幼儿积累经验的过程。这样的游戏是他们喜欢参与的，是他们乐于尝试的。与此同时，教师在幼儿自主游戏的过程中扮演的就是观察者和支持者的角色，在幼儿游戏时不需要重复地提醒他们该干什么、不该干什么。在工坊的环境烘托下，幼儿都能够自主地进行游戏，教师只需在幼儿遇到困难时给予一些建议，细致地观察幼儿在游戏中的行为表现，做好观察记录，为后续的调整收集资料。环境改变了教师以往的教育理念，提升了教师在探索环境与课题、环境与教学、环境与幼儿及环境与家长之间的多元互动的能力，实现环境与家长、幼儿的"对话"，打造出"玩美工坊"的情趣环境和育人氛围。

二、基于"美好教育"支持与发展下的美好教师

（一）探寻"一体化"的美好进程

基于幼儿园课程开发与教师专业发展一体化的进程，我们大致分为四个阶段：技术性阶段、实践性阶段、解放性阶段、超越性阶段。而教师在这四个阶段过程中需要经历理解课程、实施课程、完善课程、推广课程。

1. 技术性阶段

幼儿园园本课程开发不是"凭空而起"，而是需要一定的课程模式作为参照的。因此，课程开发与教师成长一体化的进程中，技术性阶段是起点，是对原有的课程进行学习、理解的阶段。在这个阶段中，可以由课程专家全面介绍并演示课程理念、指导课程实施。

2. 实践性阶段

在理解新的、优质的课程模式之后，教师就要将课程"落地生根"。实施课程包括多个方面，涉及区域设置、材料研发、园本化培训，关键是解决课程与教学分离的困境，从而驱动教师自身的发展，并推动课程的发展。

3. 解放性阶段

是教师在实践课程之后对课程进行的整体反思与完善，并能够在新一轮的实施中给予调整。

4. 超越性阶段

当园本课程趋于完善并步入成熟期后，教师也将进行课程总结和推广工作。超越性阶段是幼儿教师对课程开发历程的回顾、总结及反思，并将成果对外分享与推广。在这个阶段，教师将进行课程体系总结，成熟教师也将对自身教育经验进行提炼分享。

（二）明晰"统整性"的课程意识

1. 明确的目标意识

教师必须有清晰的认识：通过教学，想达到什么样的目标？期待幼儿在教学中发生什么样的变化？教师有无目标意识的标志在于其是否重视课堂教学目标，并是否对此加以审视与反思。

2. 回归幼儿的意识

江苏省教育科学研究院杨九俊先生曾经提出过"洗课"的观点：洗去过高的

目标，基于标准；洗去过杂的内容，关注学生核心素养的培育；洗去过偏的走向，凸显教学主脉；洗去过花的形式，寻求匹配的教学策略；洗去过虚的议论，回归指向发展的评价。总而言之，"洗课"就是删繁就简，去掉教学中一切形式化的东西，真正回归幼儿的发展，了解幼儿的需求和起点，进行有针对性的教学。

3. 整体把握的意识

具有课程意识的教师必须能够整体把握学科教学内容的结构，在教学中既能让幼儿接触片段的知识，又能让幼儿了解这些片段知识与学科整体知识结构之间的关系。从名师成长的经历来看，卓越型教师一般都能跳出教材，站在课程整体结构的高度反观教学。教师不拘泥于教材，而是站到相对高度，对教材进行一定的批判和改造，在教学过程中，根据幼儿的具体情况和自己的个性化理解，围绕教学目标的落实，进行课程内容的动态生成与重建。为了达到教学目标，教师首先要学会创造性地使用教材，充分发挥教材的作用；另一方面，为了促进幼儿的学习，要思考除了教材，还可以引入哪些课程资源为幼儿学习所用。

4. 主动反馈的意识

在教学过程中，教师必须敏锐洞察幼儿的学习状态，判断自己的教学是否能够满足学生的学习需求，幼儿的学习还存在哪些问题，怎样改进自己的教学，怎样引入更多的优质资源让其学得更好。反馈意识驱使教师不断地与幼儿沟通交流、了解幼儿，不断反思和优化自己的教学。

课程意识在本质上是教师对课程系统的一种整体认识，是教师的"课程哲学"，具有课程意识的教师以自己对课程的独特理解为基础，从目标、课程、教学、评价等维度来整体规划教育活动和行为方式，从而成为课程的动态生成者。好的教学来自教师的个性和整体性。帕克·帕尔默认为优秀的教师必须认识自我，有自己独立的教学思想和意识，不随波逐流、人云亦云；必须认识学生，倾听甚至尚未发出的声音；必须认识学科，而且是必须在个人意义上"出神入化"地理解。

（三）指向美好教师的建设策略

1. 转变观念，学会互相合作

教师需要转变自己的观念，摒弃旧观念，有意识地加强自己与班级内教师、班级间教师、不同年级间教师的对话与合作，把自己外出学习的所学所思及时与大家分享，在同事遇到困难的时候愿意伸出援助之手。教师只有通过自身的挑战与调整，才会逐渐树立合作的意识。

2. 学会主动，积极走向合作

专业自主发展意识是教师专业发展的动力，协商学习、互助合作是专业成长的路径。只有具有专业自主发展意识的教师，才会积极参与教学改革与学校决策，主动表达与反映自己的专业意见与想法，才会主动和同事合作、探讨与交流。教师间的主动合作，才是真正意义上的合作。

3. 学习合作，历练共事能力

教师也需要学习与人共事的能力。首先，幼儿教师要学会聆听，能够专注地聆听他人的建议；其次，学会巧妙地表达自己的观点；再次，学会妥协，采取折中的方式，以退求进，达成共赢。

（四）美好教师文化建设的成效

1. 加强教师之间的彼此信任

教师间必须相互合作，彼此交流，对教学实践提出反馈意见并互相激励。这个过程是一种相互信任、互相帮助、共同提高的过程，过程中最重要的是加深教师彼此之间的信任。信任是一切对话、交流的基础，更是合作型教师文化建设的基石。

2. 提升教师的专业发展能力

新型教师群体的建立，有助于教师的专业发展，推动每位教师反思自己的教育教学，借鉴他人的有益经验，将这些内容内化为自身素养，并折射到自身工作中，最终提升幼儿园的整体品质，促进幼儿的全面发展。

3. 凝聚共同发展的愿景

教职工拥有清晰的愿景非常重要。共同发展的愿景能在员工中建立起一种"沉浮与共"的普遍情感，成为每一个人努力追求的共同目的的支点。

4. 建构共享的学习共同体

正如有的学者所说："合作与竞争，是教师的生活中最为常见的现象，是社会交往中对称性社会互动的基本形式。"幼儿园管理者极力地创建一种合作型的教师文化，努力让幼儿园所有教职工成为一个教师学习共同体。

三、基于"美好教育"叩响生态本真的美好幼儿

我园以"全心全意关注孩子的成长"为办园宗旨，创建"自然、自由、自主"的环境，培养幼儿"好奇、好问、好学，会想、会思、会悟"的优秀品格和良好习惯，促进幼儿潜能开发、个性发展，培养德、智、体、美、艺全面发展的幼儿。

美好幼儿的培育首先要认识其独有的价值和成长意义，因为只有了解其独有的价值才能更好地帮助幼儿用这个年龄段独有的方式去获取关键经验、核心能力、情感体验。只有了解美好教育对幼儿的成长意义，才能确保我们提供给幼儿的美好体验、情感体验、教养环境和学习方式有利于幼儿的长远发展，使其终身受益。

（一）明晰核心需求，助推美好幼儿的重塑与生长

1. 具有"美好"的体魄

促进幼儿身体正常发育和技能的协调发展，增强体质，促进心理健康，培养良好的生活习惯、卫生习惯和参加体育活动的兴趣。

2. 具有"美好"的认知能力

发展幼儿智力，培养正确运用感官和运用语言交往的基本能力，增进对环境的认识，培养有益的兴趣和求知欲望，培养初步的动手探究能力。

3. 具有"美好"的品质

萌发幼儿爱祖国、爱家乡、爱集体、爱劳动、爱科学的情感，培养诚实、自信、友爱、勇敢、勤学、好问、爱护公物、克服困难等良好品德、行为和习惯，以及活泼开朗的性格。

4. 具有"美好"的情趣和审美能力

培养幼儿初步感受美和表现美的情趣和能力。

（二）架构三个"联结"，促进美好诉求的衍生与深化

1. 帮助幼儿与自然建立联结

人是"自然之子"，大自然作为人类生活的栖息地，给人类提供了无数美好的遐想，作为自然的孩子，更需要保留那份原有的纯真与美好。幼儿只有通过与自然联结，才能用自己的节奏与方式自然地学习，他们内在的生命力才能绽放，这也是儿童获得幸福感的重要条件。

2. 帮助幼儿与家庭建立联结

家对孩子来说是最安心、最温暖的地方。笔者认为，孩子们对家庭幸福的感受比成年人更敏感，只有家庭成员间心与心的联结与交流才能让孩子们产生幸福感。生活化课程中，我们希望父母在孩子成长的过程中，能够耐心倾听、用心陪伴，用生命完成对另一个生命的陪伴。而这种用心陪伴的过程，既是儿童对周围人与事物进行判断的依据，也是儿童获得幸福的力量与源泉所在。

3. 帮助幼儿与自己建立联结

完全接纳自己，才是幼儿获得幸福感的核心。当他们真正学会认同自己、接纳自己，并从中得到满足时，才能建立起积极的内在真我感受，成为他们自己。

（三）梳理三条路径，践行美好教育的非常时刻

1. "what"——客观探寻"是什么"是发现儿童的基础

"是什么"是指对幼儿的了解和观察要放到具体的情境中去，尽可能地还原情境和细节，对行为产生的各种条件、背景都做出具体化的描述。

2. "why"——理性分析"为什么"是尊重儿童的关键

"为什么"是指了解幼儿某种行为产生并被保持下来的根本原因。

3. "how"——从具体问题入手，让变化慢慢发生

当知道了"是什么、为什么"后，我们需要做的就是，致力于具体的问题，从小处着手，尝试改变，对某一种教育条件做出一些调整，让改变慢慢发生。没有一种策略是绝对正确或是有效的，我们需要在实践尝试中，在反复调试中，寻找真正有效的方式。具体的做法可以有以下几点：

第一，不贴标签，改变我们能改变的。

第二，调整内心的信念，让改变慢慢发生。

有人说，"教育不仅要为美好人生做准备，它本身也应该是美好生活的一部分"。无论怎样，我们能做的，就是理解幼儿想法的本质，带着教育理想，和孩子一起绘制一所富有儿童的味道的幼儿园。当你置身在幼儿园的任一地方时，都会感到一种流动的力量在不断撞击着心灵。

在这里，学习是一种心灵的体验，孩子们将不带任何功利与先入之学，以天真质朴的本来之心与世界的本来面目浑然相融。

在这里，你能够看到教师们对儿童无限的尊重与热爱。他们和孩子们一起

学习、生活，只为了拥有一颗和孩子们一样热爱生活的心。

在这里，所有的美好每天都在发生，所有的美好每天都能看见，所有的美好每天都能被人发现……

在幼儿园的三年时光里，我们要帮助每一个孩子实现自己的梦想，让这段时光成为孩子们一生中最宝贵的精神财富。每个孩子的梦想都是不同的，倾听他们的梦想，为他们的梦想"铺路架桥"是我们的主要工作，而我们的工作乐趣来自等待一个个美好瞬间的发生，孩子们也开始相信：未来，一切的想象都有可能变成现实。

这所拥有无数美好愿景的幼儿园里的一切都是为了激发孩子内心的渴望，让他们的认知、情感、精神与灵性都能饱满起来。使课程中美好的事物回归儿童，和儿童一起倾听思想的美好，感受生活的纯粹，领略心灵的纯净，构建一个鲜活而真实的"美好教育"世界。

第二节 "生态玩美"课程的目标

根据课程与教学论专家拉尔夫·泰勒的"泰勒原理"，课程目标的制定要经过"三个来源"（学科要求、社会要求、学习者的发展需求）和"两次筛选"（教育哲学和教育心理学）。按泰勒原理的思路，我们着重分析了美术学科中蕴含的知识和技能、幼儿美术学习中的需求、我园的美术教育的核心理念及不同年龄段幼儿的美术经验水平和学习方式，最终确定了"生态玩美"课程的课程目标体系（如图 2-4）。"生态玩美"课程的总目标设定为"兴趣"、"审美"、"创造"、"自主"，即该课程最终要培养"富有浓厚审美兴趣和丰富审美意象的、有较强审美能力和创造力的、有主动学习品质的幼儿"。具体如下：

"兴趣"：能积极参与或自发进行美术游戏，在玩与学中体验快乐。

"审美"：对美有敏感性，有较强的审美情感体验，对美有初步的鉴赏力。

"创造"：尝试使用各种材料、工具，以独特方式大胆表现美、创造美；获得并能运用丰富多样的美术经验（意象、技能），在美术活动中能渗透性地学习和运用其他领域经验（空间、数学、语言、交往）。

"自主"：养成自主计划、自由想象、自主创作、自我管理、自觉反思的学习品质，且注重幼儿经验的自主性建构。

课程总目标

培养富有审美情感和意象的、有较强审美能力和创造力的、有优秀学习品质的幼儿。

兴趣	审美	创造	自主
能积极、自发地参与美术游戏，体验乐趣。	富有审美情感和意象，有初步鉴赏美的能力。	运用丰富的美术材料，将多彩的审美意象通过多种方式表达。	养成自主计划、自由想象、自主创作、自我管理、自觉反思的学习品质，且注重幼儿经验的自主性建构。

小班目标

1.感受生活中的美，愿意用自己喜欢的艺术方式表达，并乐在其中。

2.感知物体特征，能用多种感官探索材料，关注材料的特性，愿意尝试。

3.知道简单的艺术创作方法，乐于参加艺术活动。

4.能在提示下，初步整理环境，做事有一定的目的性。

中班目标

1.感受与发现生活中美的事物，能用自己感兴趣的方式进行艺术活动。

2.能探索多种材料的使用方法，喜欢与同伴分享交流，发表意见。

3.能运用所学知识与技能进行艺术创作与表达，会协商解决问题。

4.初步养成有计划做事的习惯，能在提醒下建立初步的自主管理。

大班目标

1.喜欢生活中美的事物，能主动参与，并自发进行艺术活动。

2.能结合多领域知识，艺术性地表现自己观察到或想象的事物，愿意和别人分享、交流艺术作品和美感体验。

3.活动中能与他人相互合作，也能独立完成作品、解决相关问题。

4.养成有计划做事的习惯，能够做好自我管理，逐步形成自律意识。

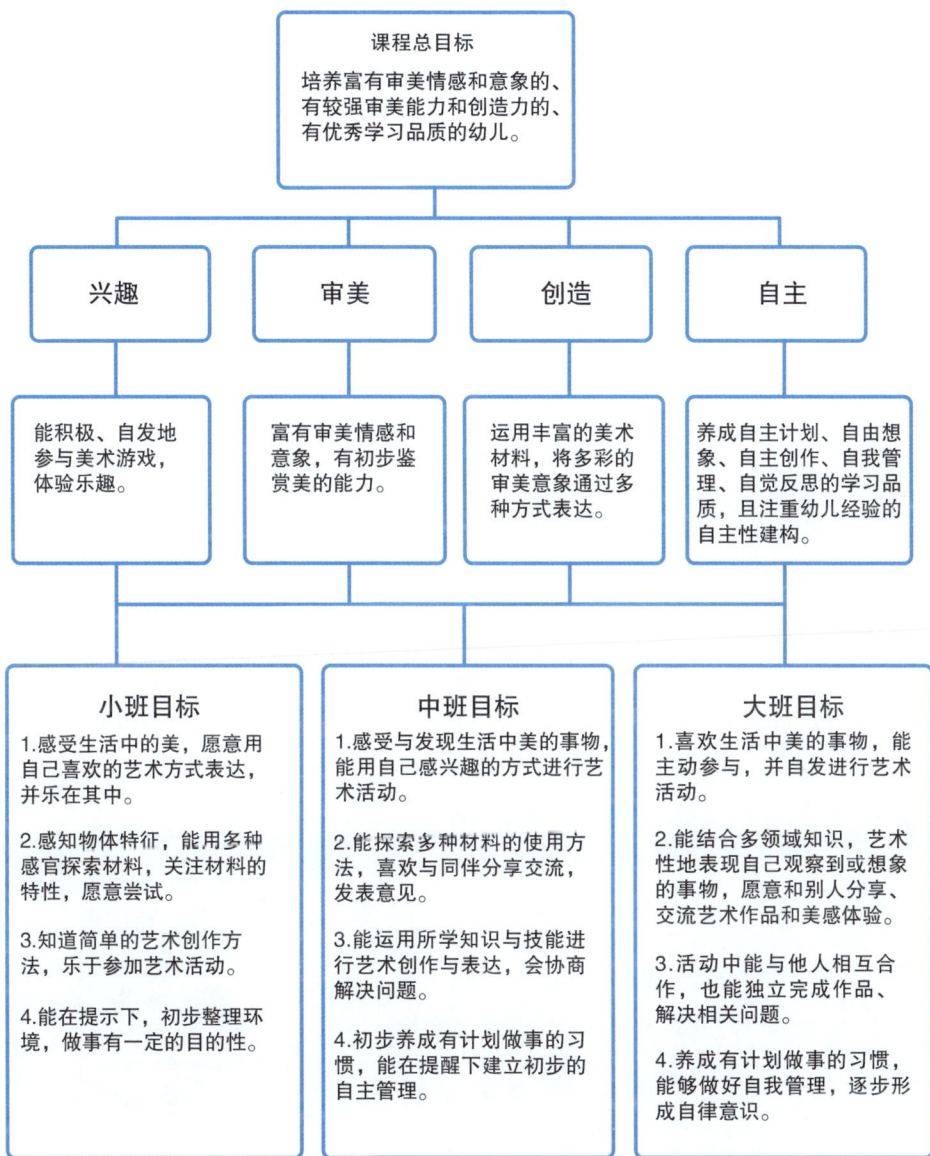

图2-4 "生态玩美"课程的课程目标体系

第三节 "生态玩美"课程的内容

幼儿园课程内容"教什么"的问题，是指根据课程目标和幼儿经验所选择并组织的基础知识、基本技能和基本行为方式。"生态玩美"课程内容的选择要着眼于"兴趣""审美""创造""自主"的课程目标，同时从生态式教育理论出发，整合教育资源、融合五大领域、考虑年龄特点，并采取"任务驱动式项目活动"进行课程内容的选择与组织，开发独具特色的"生态玩美"园本课程。

一、内容选择的原则

（一）整合性原则

课程内和课程间的目标、内容、方法的整合，也就是课程实施过程中的内外的整合，即在课程当中的不同课程内容之间建立适当的关系，依据课程目标来选择相应内容。从内容选择的广度上来说，完美课程是基于我们的基础课程，在相互融合的过程中，结合节日、活动、幼儿兴趣需要等拓宽内容选择的可能性。

在"神奇的大自然"主题学习过程中，幼儿对风筝怎么才能飞上天、风筝怎么做等问题产生了浓厚的兴趣，同时衍生出了《风筝，你好！》这一课程故事（见表2-3）。幼儿对用什么材料制作风筝才能让风筝飞起来、飞得更高进行了讨论和尝试，有的去布艺坊用布做风筝，有的在纸艺坊用纸作为主材料进行制作，有的去石艺坊寻找材料进行装饰。幼儿在工坊的活动内容同时也会围绕这一主题开展。

表2-3　《风筝，你好！》幼儿搜集材料

分散搜集	实地搜集
孩子们带着计划书出发了，他们以独自或结伴的形式，开始去幼儿园的各个地方进行材料收集。有些孩子去布艺坊里收集了不织布、铁丝、竹签、吸管、酒精胶、丝带等，并且在现场将材料进行比对测量，产生一个预构想的思维转变过程。纸艺坊里，幼儿以纸为主材料，收集了彩纸、宣纸、报纸、糨糊等。石艺坊里，幼儿收集了各种装饰宝石、扭扭棒等。此外，幼儿还利用户外时间，收集了散落在地上的叶子，在幼儿园区域内找寻到一些可用于制作风筝的工具。	

（二）多元性原则

幼儿园五大领域活动的内容并不是割裂开来的，我们需要对课程内容进行思考，对五大领域进行融合。我们从美术与其他活动的融合角度选择本课程的内容，即"美术与健康""美术与语言""美术与科学""美术与社会"。

（三）丰富性原则

美术活动中除了欣赏活动外，其他两种活动均要求幼儿动手操作，"熟悉和运用材料自由创作"是课程的目标之一。因此，课程内容的选择与现有活动材料的种类密切关联，多种多样的操作材料大大丰富了我园的纸艺坊、石艺坊、布艺坊、玩色坊等美术工作坊的活动内容。

（四）灵活性原则

幼儿的兴趣点、时令季节、社会节庆等也应作为选择与生发课程内容时需考虑的因素。

二、内容的四种类型

（一）美术与健康

幼儿在美术活动中能够充分利用自己的手进行作品创作，在这个过程中可以促进手部小肌肉的发展，增强手部动作的协调性与灵活性。教师在设计美术活动的过程中，不应局限于帮助孩子掌握用笔绘画、用剪刀剪纸，更需要创设多种多样的机会，提供丰富多彩的材料，让幼儿在美术活动中既能感受到不同创作方法的乐趣，又能够学会运用多种手部动作进行艺术创作。

👤 **案例 2-5**

在一次纸浆画活动中，三个男孩和两个女孩围在了白色塑料框边，边搓纸浆边聊着："呵呵，我搓了个面团，好滑呀！""我们要超过他们，第一个去做纸浆画。""你们别这样，这样永远都搅不碎，看。"说着，两只手将卫生纸分成一小片一小片，再用手臂在水中搅拌。大家看着一张大的卫生纸渐渐地融入水中，也伸出了手臂搅拌起来。几分钟过去了，三个女孩一组的还在继续用两手揉搓、撕碎、搅拌，围在塑料框边上的孩子已经开始捞起卫生纸并进行拧干了，他们把桶里的纸浆团一个一个地拿出来，重复捏一捏、压一压，制作出了许多纸浆团。

分析：从案例中我们可以看到，孩子们在进行纸浆画创作之前，需要制作许多纸浆团。在这过程中，需要孩子们用到撕、搅拌、捞、捏、压等动作。一开始孩子们并不能立马想到这些动作，但是在部分孩子的提醒下，他们就能想到"撕"的动作；起初他们也不能熟练地运用这些动作，但是在反复操作的过程中，动作越来越熟练，越来越协调。在这一活动中，孩子们不仅学会了用纸浆创作美术作品，还拓展了多样的手部动作，锻炼了手部肌肉的能力，并且在活动过程中逐渐变得灵敏协调。

（二）美术与语言

幼儿期是口语发展的关键期，幼儿语言的发展贯穿于各个领域的活动中。在开展美术活动前，教师可以为幼儿创造一个自由表达的机会，提前预设好问题框架，并在与孩子交流的过程中生成新的问题，了解孩子对该活动的兴趣与想法。从幼儿本身出发的活动前谈话，既能够使美术活动更尊重幼儿意愿，又能在简单的谈话中发展幼儿的语言表达与交流能力。

在"红彤彤的年"主题活动中，我们先对孩子们进行师幼、幼幼、家园三个方面的互动式访谈活动（见表2-4）。在信息收集与分析过程中，我们发现每个幼儿在老师、家长的引导下都能够表达自己对"新年是什么？""我喜欢的新年"等问题的想法。有时，孩子们的表达会含糊不清，老师和家长则应耐心倾听，理解幼儿想表达的意思，帮助幼儿组织语言，在潜移默化中提高幼儿的语言表达能力。同时，以谈话的形式了解孩子们的想法，再以美术活动的形式帮助孩子们呈现想法，更生动地向幼儿展示新年的含义。

表2-4　"你心中的年"访谈活动

访谈对象	访谈问题		幼儿的回答	统计
幼儿	新年是什么	你知道新年是什么吗？	长大一岁了。 妈妈说过年的时候，我就过生日了。 在过年的时候放鞭炮。 会收到很多很多礼物。 过年的时候，街上还能看到很多的灯呢！ 是人们庆祝的日子。	幼儿：你喜欢怎样的新年？
		什么时候过年？	很冷的时候；可以打雪仗的时候……	
	我喜欢的新年	新年穿什么样的衣服？	软软的，有很多毛毛的衣服。 穿得很暖和，还要带围巾。	幼儿：新年是什么？
		新年有哪些好玩的事？	堆雪人，抓啾啾，放鞭炮……	
		新年吃什么？	白白的汤圆，姥姥包的饺子，年糕……	
		你想收到什么礼物？	玩具车，奶奶给的大红包……	
家长	新年安排	新年您对孩子有什么期盼？	健康、快乐、进步……	

（三）美术与科学

艺术与科学是人类文明发展的两翼。在美术教育中，儿童通过美术与科学的联系和比较，提高想象力，达到感性和理性的平衡，使身心得到和谐发展。在主题任务的驱动下，在幼儿进行活动的过程中，给予他们真实的选择途径与机会，有助于增加他们的兴趣与探究的能力。任务驱动为幼儿提供了不同层次的机会和挑战，而每个任务的挑战都有其不同的教育意义。

在主题"中国娃"的学习中，幼儿通过讨论得出制作围巾作为礼物的想法。在材料的选择上，通过观察、比较，结合生活经验，得出围巾的舒适度与围巾的软硬度有关，同时在玩色坊扎染的过程中，发现围巾扎染的效果与水温、染料比例、绑的方式等都有关系。幼儿在运用、测量、比对等基础上进行围巾的制作，体现了美术与科学的相关性（见表2-5）。

表2-5　"中国娃"观察记录表

案例观察	图片说明
在开展"中国娃"主题任务时，围巾是部分幼儿讨论出来的想要制作并当作新年礼物的物品。起初，幼儿对于围巾只是有一个用途上的概念，就是天冷了多会戴上围巾用于保暖，有时也为了美观，搭配衣服。经过讨论，他们到布艺坊用一块 40cm × 50cm 的布制作了围巾，制作后发现设计的围巾长度不够，而且太硬，因此，孩子们开始寻找合适的方法，做进一步的调整。回家调查后发现，奶奶的围巾是用棉布做的，比较软；妈妈的围巾是雪纺做的，图案多，特别柔顺飘逸……随着活动的深入，他们发现不同的材料制作出来的围巾性能上也不同。通过实践，幼儿探究了布料的硬度与软度（发现不织布太硬不适合做围巾，而棉布、雪纺纱更适合做围巾），与此同时，还发现扎染出的花色效果不仅与捆绑的方法有关，松紧度也非常重要，绑得松，染出的花色会不明显，绑得紧，花色就很突显。在染布的过程中，幼儿还发现，想要染出好看的色彩，染料与水的比例、水温的高低有关系，水温太高，颜色不均匀，水温太低，颜色就不鲜亮。大量的科学语言被用来描述制作过程。在展示的过程中，孩子们对围巾的制作进行了大量的总结，尤其是对于如何制作渐变的围巾、染料与水的比例、温度调试等做了很多的论证。	"要剪一块长一点的布，对折一下，两边一样。" "要把布都浸在桶里才能冷掉，要按住，等下就好了。" "这个布要扎得紧一些，图案大一点，绑住的部分也要大一点，皮筋可以多绕几圈。"

（四）美术与社会

艺术是人类情感和精神生活的创造性表现，多数艺术表现形式都包含着特定的情感和思想。借助艺术活动与情感生活的连接和相互作用，帮助幼儿用艺术的方式表达和交流情感，不断完善并奠定健全人格的基础，逐步提升人际交往和社会适应能力。

在开展主题活动"妈妈的节日"中，幼儿提出可以给妈妈送上自己的礼物，表达对妈妈的爱。活动从"妈妈喜欢什么"开始切入，讨论妈妈的兴趣点。在这一任务的驱动下，让幼儿换位思考，培养移情能力、学会感恩。第二环节的讨论围绕"用什么材料做礼物"展开，有选择去布艺坊完成花、书制作的，有选择去玩色坊染布做围巾的，也有选择去纸艺坊做小摆件的，更有 12 个孩子选择去石艺坊制作饰品，孩子们七嘴八舌，都非常有创意与想法（见表 2-6）。

表 2-6 "妈妈的节日"观察记录表

观察案例	图片说明
只见小高拿了托盘后，直接在挑石区的小块石头筐里蹲下了，先挑了一块直径约 5 厘米的灰色扁平圆石，迅速放入托盘。他微微一笑，又开始翻找起来……找啊找，约 5 分钟后，他终于找到了两块直径约 2 厘米的扁石头，但脸上一点笑容也没有，反而皱了几下眉头。我连忙问："小高，你怎么了？找到了三块石头，为什么还不开心啊？""我还少一块一样大小的。"他边说边把小块的石头举着给我看，"可是我才找到两块，这种石头太少了。"说着低下头去，又用双手在筐里翻找起来，很明显速度比刚才慢了很多。这时，小天走来了，"小天，你能帮我找一下这样的石头吗？我找了很久……"小高话还没说完，就发现小天的托盘里有一块类似的石头，"就和你的这块一样，能不能给我啊？"小天看着小高，但没有说话。小高继续说："我已经找了很久了，但是我妈妈的手链花就缺这样一个花瓣了。"小高边说边把托盘里的大石头放在中间，把自己找到的两块小石头放在旁边，拼成了一个类似米奇头的图案。"如果有三个的话就像三叶草一样，我妈妈最喜欢三叶草了。你的给我好吗？你要什么，我也帮你找，我们成为最好的好朋友，可以吗？"	 幼儿在石艺坊为妈妈串"手链"

从案例中我们分析出：虽然只是普通的石头，但在小高看来都是难得的宝贝。为了表达对妈妈的爱，给妈妈做一串手链，小天托盘里的石头充满了魅力，甚至可以以最高荣誉"最好的好朋友"作为交换条件来换取。这样的创造爱、表达爱的活动，不仅让幼儿体验到借助石头大胆造型的快乐，更让他们学会了交

流和沟通。

三、内容的组织

（一）任务驱动式项目活动

按照"任务驱动式项目活动"的基本思路组织活动内容。"任务驱动式项目活动"是基于瑞吉欧项目活动（项目式学习）的基本理念和方法，并提供各种审美经验和美工材料，让幼儿个体或小组完成喜欢的操作任务的一种美术活动方式。具体地说，通过敏感发现并顺应多数幼儿的兴趣点生成活动主题，通过师幼共商、多方审议草拟该主题背景下的任务主题网，继而教师提供各种支持，帮助幼儿完成主题脉络中的各个美工任务并获得发展的活动过程。

经过多年的教育实践，我园开展了一系列的"任务驱动式项目活动"（见表2-7）来完善课程内容。这些主题活动都由特定的任务驱动进行，每个任务在内容类型上各有侧重，有的侧重于美术与生活，有的则侧重于美术与文化等。在每个任务中，幼儿并不是单领域学习，而是在一个领域统领下的整合性学习与多方面发展。

表2-7　各年龄段任务驱动式项目主题一览表

类别内容	内容类型上各有侧重点，与此同时互相渗透其他领域的学习			
	美术与生活	美术与文化	美术与情感	美术与科学
小班上 "颜色的战争"	15%	15%	20%	50%
小班下 "美食一条街"	40%	30%	15%	15%
小班下 "给妈妈的礼物"	30%		50%	20%
中班上 "秋的颜色"	30%		20%	50%
中班下 "湘湖的美"	40%	30%	30%	
中班下 "玩美义卖节"	30%	10%	40%	20%
大班上 "我是中国娃"	10%	50%	20%	20%
大班上 "玩美帮带节"	30%		40%	30%
大班下 "红彤彤的年"	30%	40%	20%	10%

续表

类别内容	内容类型上各有侧重点，与此同时互相渗透其他领域的学习			
	美术与生活	美术与文化	美术与情感	美术与科学
大班下 "玩美演艺节"	30%	20%	30%	20%

　　从课程主题的一般来源来看，幼儿兴趣、季节、节日、偶发事件等都可作为任务主题的来源，也可将地方审定教材中的主题作为来源之一，当然最重要的主题来源非幼儿兴趣点莫属。至于幼儿自发的兴趣点是否有足够的"容量"，以保证该主题任务具有一定的复杂度和延展性，教师心中要有衡量，并采取师幼共商的方式审议该主题（见表2-8）。

表2-8　任务主题来源及产生策略简表

任务主题	来源	产生策略
"美食一条街"	生活	师幼共商、亲子参观
"玩美演艺节"	节日	教师引发、幼儿共商、达成共识
"红彤彤的年"	节日	幼儿引发、教师整理、家园共商
"我是中国娃"	兴趣	主题引发、师幼共商、合作推进
"给妈妈的礼物"	节日	师幼共商、亲子参与
"玩美义卖节"	兴趣	组织研讨、师幼协商、共同完成
"玩美帮带节"	偶发	幼儿引发、帮带指导、规划调整
"颜色的战争"	兴趣	幼儿引发、探究发现、总结经验
"秋的颜色"	季节	教师引发、调查收集、深入探究

（二）分龄设置内容

　　考虑到小班幼儿的年龄特点和任务驱动项目活动的挑战度，将其活动内容设定为若干"简易任务资源包"，但仍以幼儿感兴趣的小任务为驱动。其目的是帮助小班幼儿熟悉四个美术工作坊的材料和工具，累积粗浅的审美经验，初步尝试完成简易的创作任务。若小班幼儿能在一学年中完成这些资源包，就具备了下一年龄段完成任务的基本能力。中班、大班则沿着经审议通过的任务主题，逐步完成较为复杂和精细的"玩美"任务。例如在大班"大中国"主题活动中，我们采用"国庆七天乐拼图卡"（见表2-9），以7个小任务的形式，丰富幼儿对中国传统文化的认知，加深了幼儿对祖国的敬仰之情，从而培养幼儿爱家乡、爱祖国的情怀。

表2-9 国庆七天乐拼图卡

操作说明	
《国庆七天乐》是一次针对国庆而展开的游戏任务,从"看、探、听"到"体、品、说、画",给予孩子七个极具中国元素的任务。通过游戏任务式的活动,丰富了幼儿对中国传统文化的认知,加深了幼儿对祖国的敬仰之情,从而培养幼儿爱家乡、爱祖国的情怀。	
任务一	看阅兵,树立民族自信心和自豪感。
任务二	探旅游,来一次和中国名胜古迹的"约会"。
任务三	听红歌,感受革命实践的真实写照。
任务四	体民俗,传承历史悠久的民风民俗。
任务五	品美食,感受舌尖上的中国。
任务六	说国庆,说一说国庆的来历。
任务七	画国庆,把看到的或者经历的国庆庆祝场景画下来。

第三章

"生态玩美"课程的实施与评价

　　课程实施效果如何，集中体现在幼儿发展上。《纲要》明确指出：教育评价是幼儿园教育工作的重要组成部分，是了解教育的适应性、有效性，调整和改进工作，促进每一个幼儿发展，提高教育质量的必要手段；对幼儿发展状况的评估，要注意"在日常活动与教育教学过程中采用自然的方法进行。平时观察所获的具有典型意义的幼儿行为表现和所积累的各种作品等，是评价的重要依据"。"以发展的眼光看待幼儿，既要了解现有水平，更要关注其发展的速度、特点和倾向等。"

　　幼儿发展的评价方式一般有四类：幼儿自评、同伴互评、教师评价和家长评价。发展评价倡导的是多元化评价方法，尝试多角度探索幼儿发展存在的问题。对幼儿在任务驱动项目活动中的学习与发展，我们采用了"质性评价""量化评价"和"自我记录"三种评价模式。质性评价主要通过幼儿学习故事、关键事件取样、建立幼儿成长档案等评价工具进行；量化评价主要借助了美育活动中幼儿行为检核表、第三方评价两种工具进行；自我记录主要是以幼儿分享交流和"水珠银行积分册"为自我评价的方式。

第一节　"生态玩美"课程的举隅

　　"生态玩美"课程是我们在多年的实践过程中总结提炼出来的，在此过程中生成了多种多样的、不同年龄段的项目活动。以"红彤彤的年"主题活动为例，详细解说此项目活动的生成与发展。

一、主题活动背景

　　"红彤彤的年"以美工坊为主阵地，并与班级美工区角游戏、支持性教学活动相互连通，围绕主题开展以幼儿自主探究学习为主的综合性、活动性、生成性的活动。围绕各种生态材料开展的美工坊活动注重融合，以幼儿的兴趣、经验、审美、创造、自主为总目标，视幼儿为主动学习者，从他们的视角中寻找、预设与生成主题活动。

热热闹闹的年过去了，可新年的余音却久久荡漾在幼儿的心间。年是中国传统节日，无论是大班的孩子，还是小班的幼儿，对春节的快乐时光记忆犹新。每年开学之初，孩子总会特别喜欢讨论自己过年时有趣的事情，还会彼此交流春节的习俗。过年有红红的灯笼、红红的春联、红红的中国结……红色与年的吉祥物品给幼儿带来的不仅是视觉的冲击，更是一种新的体验。基于"过年"这一话题，我们开展了主题"红彤彤的年"艺术延伸活动。从多途径表现的艺术表现方式让幼儿感受与重温年带来的传统文化气息，为幼儿提供了视觉与体验的平台，让他们更具体、更深入地感知、理解传统艺术文化。艺术主题学习的开展，不仅需要基础课程的支撑，更需要幼儿通过自主学习来领悟，并从与老师的交流中获得对年热闹、喜庆及对中国人来说的意义所在。

在实施"玩美"课程的过程中，选择"红彤彤的年"作为主题，最主要的原因是取之于最贴近幼儿生活的人和事。《指南》与《纲要》一致说明"最大限度地支持和满足幼儿通过直接感知、实际操作和亲身体验获取经验的需要"。实践是达成目标的首要途径，经过长期的实施与调整，我们确立了一个幼儿共同关注的话题，话题的选择取决于幼儿的兴趣。美工坊开展活动，一方面，围绕幼儿感兴趣的事与物，从已有经验当中得到启发；另一方面，通过探索操作材料，结合多种表达途径，得到多元的发展。主题的推进，从生活到学习，再从学习回归生活，用新年的热闹氛围激发幼儿的学习动力，使其从自发的学习中，寻找新年的足迹，感受中国传统节日带给我们的不一样的生活面貌。幼儿可在美工坊制作一份新年礼物、定制一个新年吉祥物等，在设计、操作、展示、回顾的过程中学习成长。

二、主题活动资源准备

（一）幼儿的知识经验储备

①教师通过查找资料、收集图片、视频等途径，了解春节的相关活动与民间习俗，掌握一些春节物品制作的方法。

②可供幼儿欣赏的春节场景视频及幼儿操作的相关材料。

③美术工作坊前期准备。如可供幼儿参考的艺术成品或半成品实物及制作参考用书；教师工作台制作新年有关的吉祥图文，提供交流与学习的平台；工具材料与辅助材料的检查。

④教师通过"给饺子的一封信"，让家长了解主题活动的主要内容及需要家长参与、配合的一些活动内容。

（二）社区（家园）资源利用

①参与收集与调查，为活动积累丰富的素材。

②和幼儿共同收集资料，帮助幼儿获得有价值的知识经验与文化信息。

③利用假期时间，和幼儿拍摄新年趣事。

④参与艺术交流与学习。

（三）操作环节材料准备

①在活动室布置新年的环境。

②美工区提供春节图片、资料收集、材料探索、作品交流、经验储备区等。

③主题墙可展示幼儿调查表、图片及活动照片。

三、主题活动实施

本主题的实施过程主要以一个月为周期，小班、中班、大班三个年龄段围绕同一个主题，从美工坊、美工区角、支持性集体教学入手，根据不同目标、内容的不同侧重点来开展相关活动。主要根据幼儿的兴趣点，并考虑幼儿前后学习经验的衔接性与连贯性，从不同维度组织活动并有效开展（见表3-1）。

表3-1　主题《红彤彤的年》材料投放说明表

年龄段	预设材料投放	注意事项	经验获得
小班	收集有代表性的新年物品：灯笼、窗花、鞭炮、红包、对联、饺子等	像幼儿一样使用材料（通过模仿，帮助幼儿确立方向）	进一步丰富对新年的认知
	二维材料：红卡纸、皱纸、蜡笔、红色颜料、塑料挤瓶、贴纸、废旧的新年贺卡、塑料小刀、固体胶 三维材料：橡皮泥、超轻黏土、圆形磨具、丝带、红绳	提供的材料要有选择地投放，小班的幼儿重在能去感知材料	

年龄段	预设材料投放	注意事项	经验获得
中班	收集有关新年的图片，包括新年吉祥物、装饰物、民间特色的新年氛围	让幼儿到美工区尝试探究材料，允许幼儿反复进行操作	获得相关经验再连接信息
	二维材料： 红色、黄色、黑色卡纸，水彩笔，油画笔，花边剪刀，新年画报，双面胶 三维材料： 彩色黏土、纸板、打孔机、透明胶带、金边条、编织绳	有计划地投放材料，逐步提升幼儿的探究意识与能力	
大班	放置一些与过年相关的名画及艺术作品，收集过年的民俗照片、图片、十二生肖的相关工艺品等	提供接触高水平艺术作品的机会，有充分的时间讨论艺术作品	提高艺术感知与创造经验
	二维材料： 油画笔、勾线笔、记号笔、彩铅、胶棒、多色卡纸、硬纸板、纸盒、报纸、礼品纸 三维材料： 黏土、纸盒、球状模具、金色珠片、纸盘、竹签	灵活地使用材料，与他人讨论、分享感受	

以大班幼儿在本主题活动中的实施过程为例：

（一）大班幼儿发展指向

认知发展：通过探究与操作感受新年的传统文化内涵，了解中国传统艺术元素融入作品所带来的视觉效果与美感。

语言交流：喜欢与同伴谈论活动中的艺术想象，产生对艺术语言的敏感性，知道特定的节日要使用恰当的语言。

情感态度：萌发对传统节日的喜爱之情，引发情感共鸣，能够主动地学习传统艺术，并积极投入。

能力提升：有目的地选择适宜的方式进行活动，能与同伴合作，配合展示作品。

（二）教师的成长收获

学会梳理活动流程，能与幼儿进行谈话交流，关注幼儿的兴趣点，并提供有力的支持与帮助，提升个案观察能力。

反思交流，获得主题信息，指导幼儿进行创造活动与游戏（如图3-1）。

大班艺术创造与表达——美工坊活动

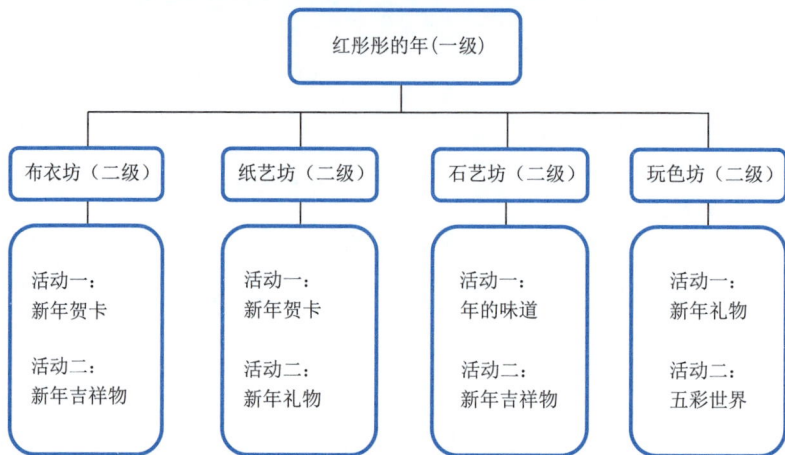

红彤彤的年(一级)

布衣坊（二级）	纸艺坊（二级）	石艺坊（二级）	玩色坊（二级）
活动一：新年贺卡 活动二：新年吉祥物	活动一：新年贺卡 活动二：新年礼物	活动一：年的味道 活动二：新年吉祥物	活动一：新年礼物 活动二：五彩世界

图 3-1　大班艺术创造与表达——美工坊活动

（三）大班美工坊活动计划表（见表 3-2）

表 3-2　大班美工坊活动计划表

一级内容	工坊分布	具体活动	活动目标及要求
红彤彤的年	布艺坊	新年贺卡	1.自主设计新年贺卡，以不织布为主材料对所设计的贺卡进行创作和缝制。 2.体验布艺缝制新年贺卡带来的乐趣。 3.将自己制作的新年贺卡有序摆放至展示区供同伴欣赏。
		新年吉祥物	1.巩固已学过的多种针法——弹簧针、平针、锁边针，尝试多面裁剪，运用多种针法，制作立体的吉祥物。 2.体验在缝制过程中运用多种针法进行制作的乐趣。 3.在使用针的过程中要注意用针安全，养成与同伴保持安全距离的好习惯。
	纸艺坊	新年贺卡	1.结合主题尝试初步按照计划进行有序的操作并遵守规则。 2.仔细观看示意图，自主探索多色纸浆分层叠加的方法。 3.初步掌握立体塑形的方法，在作品中感受对称的特点。
		新年礼物	1.能够按照设计稿，初步尝试有序地裁剪经线，并能有规律地穿插纬线。 2.利用报纸揉搓塑形的方式来表现动物的外形特征，并根据自己的需要进行上色。 3.熟练运用"拧、撕、拼"纸的基本技能，并学对两个物体的拼接塑形。

续表

一级内容	工坊分布	具体活动	活动目标及要求
红彤彤的年	石艺坊	年的味道	1. 了解石头的不同外形特征，尝试用多块不同大小、不同形状的石头进行设计并制作。 2. 使用后能将多余的材料放回原处，养成节约的习惯。 3. 体验制作的乐趣，感受不同情境下的新年氛围。
		新年吉祥物	1. 以两块及多块石头为主进行合理的搭配，探索较好的搭配方法完成组合作品。 2. 能用各种辅助材料在石头上装饰。 3. 体验组合作品成功的乐趣。
	玩色坊	新年礼物	1. 能选择多种表现方式进行创作，发展幼儿的空间想象能力。 2. 能运用多种材料表现强烈的色彩，感受节日快乐的气氛。 3. 愿意交流、分享自己的作品，增进同伴间的友谊。
		五彩世界	1. 迁移已有经验，尝试学习用捆扎的方式扎染出五彩图案。 2. 能在多种颜色中区分冷暖色调，并能大胆表述。 3. 锻炼幼儿手部肌肉群的协调性、灵活性，感受手工创意活动带来的乐趣。

大班布艺坊活动

活动名称：新年吉祥物

↻ 活动目标

1. 巩固已学过的多种针法——弹簧针、平针、锁边针，尝试多面裁剪，运用多种针法，制作立体的吉祥物。

2. 体验在缝制过程中运用多种针法进行制作的乐趣。

3. 在使用针的过程中要注意用针安全，养成与同伴保持安全距离的好习惯。

↻ 前期核心经验准备

1. 了解新年吉祥物的特征，包括种类、外形、图案、颜色、用途等。

2. 观察后，幼儿讨论适合制作布艺作品的吉祥物，如灯笼、鱼（年年有余），重点了解吉祥物的结构。

3. 为尝试运用两种或三种针法制作立体的吉祥物做好准备。

↻ 制作过程

吉祥物：红灯笼

图一：设计灯笼

图二：打样灯笼底板

图三：裁剪灯笼底板

图四：打样装饰物

图五：裁剪装饰物

图六：粘贴装饰物

图七：缝制装饰物

图八：缝制灯笼面

图九：缝合灯笼

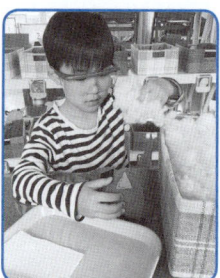
图十：填充棉花

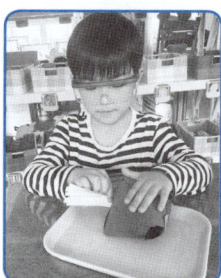
图十一：缝制流苏

图十二：展示作品

吉祥物：鱼

图一：设计鱼

图二：打样鱼底板

图三：裁剪鱼底板

图四：打样装饰物

图五：裁剪装饰物　　图六：粘贴装饰物　　图七：缝制装饰物　　图八：缝制鱼面

图九：缝制装饰物　　图十：缝合鱼　　图十一：缝制流苏

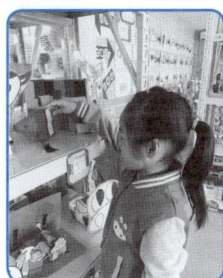

图十二：展示作品　　图十三：设计稿与实物
　　　　　　　　　　　　　　　　　　对照

作品回顾与交流

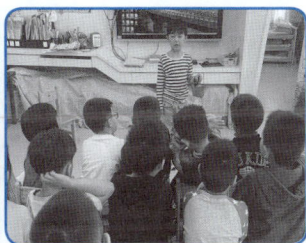

活动反思

活动前的谈话活动，为布艺吉祥物的制作做好了经验准备。在此过程中，幼儿会发现新年吉祥物有很多，但并不是所有的吉祥物都适合用布艺的形式来表现。因此，在游戏前，就要讨论出哪些吉祥物是适合制作的。有了前期经验的储备后，幼儿设计出的吉祥物形态多样，极具美感，细节到位，凸显对称，针法多样。在交流时，幼儿们非常自信，大胆地分享自己的制作过程及想法，也发现了在制作不同吉祥物时，应注意棉花的填充量，如灯笼是圆滚滚的要多填充点。

活动建议

第一，新年吉祥物种类比较多，在设计与制作前应先进行观察，讨论出适合制作的吉祥物，再观察这些吉祥物的各种形态图或实物，重点观察结构、图案、细节，以更好地帮助幼儿梳理经验。

第二，制作的重点是能呈现立体的效果，需要给予幼儿自主探索的机会，提醒幼儿回忆之前观察时发现的一些细节，如灯笼可以是多个面来表现，棉花的填充量应该多点。为了让作品最后呈现的效果更好，可以让幼儿自主探索哪种针法缝合更加适合。

第三，幼儿在制作中容易出现困难或问题，教师应多加关注幼儿，要有目的地进行鼓励与支持，并给予幼儿一些建议；同时及时做好记录，在分享活动时做好反馈。

大班石艺坊活动

活动名称：年的味道

前期核心经验准备

1.回顾过年期间吃的各种美食，可以通过图片、视频、品尝等途径认识、了解具有代表性的新年美食。

2.集体交流自己知道的新年美食。

3.区域提供各种关于新年美食的图片和大小不一的石头，画一画、拼一拼。

制作过程

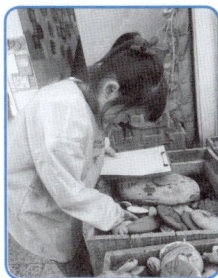   

图一：选石头　　　　图二：石头拓印　　　　图三：设计鱼　　　　图四：上色

  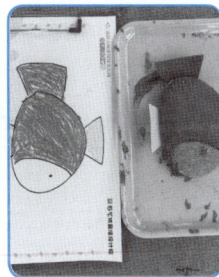

图五：剪鱼尾　　　　图六：贴眼睛　　　　图七：粘鱼尾　　　　图八：成品

作品回顾与交流

活动反思

　　石头的外形多种多样，幼儿反复寻找自己想要的石头，这其实是一个思考与空间想象的过程。将石头变成"美食"，不仅需要对食物外形特征有内在的了解，更需要将制作的石头与实物形成连接，包括上色、装饰，让石头看上去接近实物。幼儿在制作的过程中，会做出单个独立的作品，也有可能完成组合的作品（如用大小不一样的石头进行组合，呈现鱼身、鱼尾、鱼鳍等），这是孩子技能的提升，教师需要给以鼓励和肯定。

活动建议

　　第一，石头种类大小不一，形态各异，幼儿挑选时随意性大，前期可以让幼儿对制作的物体有所了解，这样在挑选石头时更有目的性。

第二，幼儿在制作的过程中，会呈现单个的作品或者是组合的作品。组合的作品需要用到胶水或者胶枪，使得作品更牢固。而胶枪的使用则需要教师在前期对孩子有所讲授，这个范围可以是一小部分，之后再慢慢让其他的孩子也掌握，让孩子有相互学习、相互借鉴的过程。

第三，当因设计稿太难做不出成品时，教师可以与幼儿交流，听取幼儿的想法，再做出适当的建议。

大班纸艺坊（纸编）活动

活动名称：新年贺卡

↻ 前期核心经验准备

1. 收集各类贺卡供幼儿欣赏，教师组织幼儿进行谈话活动，了解贺卡的一些特征，以及其所包含的特别意义和用途。

2. 实物与图片的差别在于，一个只是看到了，另一个既能看到，又能摸到。因此，可以将灯笼放在区角，让幼儿进行前期探索与感知。

3. 贺卡可以有很多的表现方法，进入工坊前让幼儿感知制作的多种表现。

↻ 制作过程

图一：设计贺卡　　图二：准备材料　　图三：利用工具卷纸条

图四：用衍纸贴造型　　图五：装饰贺卡

⟳ **作品回顾与交流**

⟳ **活动反思**

　　贺卡制作环节中，幼儿对主材料纸的选择空间更多了，其自主性表现更明显了。如在制作过程中，幼儿可以选择硬卡纸制作，也可以选择 A4 彩纸进行编织，同时可以选择衍纸进行装饰，等等。幼儿能在关注细节的基础上，想法更自主，建立自信心，让作品更具有独特性。

⟳ **活动建议**

　　第一，在幼儿进入纸编区工作前，教师要支持幼儿前期的探究与准备，如幼儿在制作中，探索如何使用现有的材料进行创造，观察如何有效结合贴纸、衍纸、卡纸等来塑造贺卡的外形。

　　第二，只有掌握了材料的特性，才能根据自己的意愿进行制作并展示，教师要保证幼儿有充足的时间进行制作，如发现没有完成，可以让幼儿做好标记，放入半成品安置区，下次继续完成。

　　第三，在活动结束后，幼儿可以将贺卡赠送给自己的朋友、亲人，能大胆地用自己的语言来表达祝福的话。

大班纸艺坊活动

活动名称：新年贺卡

⟳ **前期核心经验准备**

　　1. 帮助幼儿回忆生活经验，了解新年贺卡的用途，知道贺卡的形式是多种多样的。

　　2. 收集贺卡图片素材，供幼儿欣赏，引导幼儿认识贺卡的制作材料，并感受贺年卡的美，能用自己的语言表达祝福的话。

制作过程

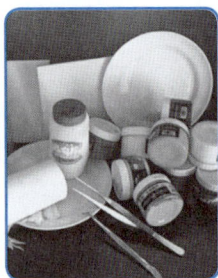   

图一：准备所需材料　　图二：制作原浆　　图三：按需调好纸浆颜色　　图四：设计作品

图五：设计稿着色　　图六：拿取适量纸浆　　图七：待阴干定型后
　　　　　　　　　　按稿制作作品　　　　　作品完成

作品回顾与交流

大班玩色坊活动

活动名称：新年礼物

前期核心经验准备

1. 欣赏《蒙德里安的格子画》，观察其中的线条和色彩，感受其特点和含义。

2. 讲一讲过年收到的礼物，通过交流、回顾等途径，说出新年收到礼物时的心情和感受。

3. 美工区可以提供多种礼品的图片或礼品包装袋。

制作过程

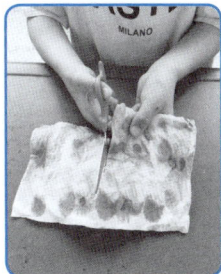

图一：选择好材料，将
染好的纸巾沿折
痕进行裁剪，剪
好后进行折叠

图二：将折好的纸巾在
瓶颈进行固定

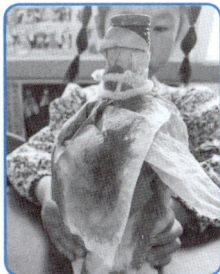

图三：用扭扭棒绑在瓶
颈进行装饰

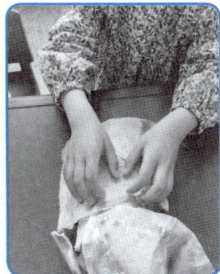

图四：选择大一点的纸
巾做裙摆

图五：检查裙子的黏合
处是否都粘好，
并进行简单的整理

图六：作品展示

作品回顾与交流

活动反思

活动前的名画欣赏和谈话环节，为幼儿制作新年礼物做了很好的铺垫。幼儿在制作的过程中，自然地联想到项链、手链等妈妈喜欢的礼物，汽车、手机、电脑是爸爸喜欢的礼物，玩具、好吃的蛋糕是小朋友喜欢的礼物等，与现实生活融合在一起，幼儿会根据礼物接收对象选择合适的材料。这个过程中，幼儿的思维不断拓展，生活经验丰富了想象的空间，内容与材料之间建立了联系。另外，幼儿的色彩感也丰富了很多，审美能力有了显著的提升。

◌ 活动建议

第一，在材料的粘贴组合过程中，当幼儿出现困难时，教师不要马上帮助幼儿解决问题，要关注幼儿解决问题的时间和机会。

第二，要满足幼儿自发创造的机会，鉴赏作品是帮助幼儿了解更多创意的途径。

第三，多关注幼儿，多了解幼儿，要用欣赏的眼光看待幼儿的每件作品。

大班幼儿前期经验储备——美工区角活动

班级区域与美工坊的联动为更好地进行工坊活动提供了一个前期经验与后期梳理的学习连接的环境。美工坊活动取之于生活，同样回归于生活，直接从幼儿客观现实获得的经验，通过艺术载体来进行表达。春节作为中国的传统节日，是幼儿习得传统文化，感知社会意义和生活智慧的源泉。将传统文化融入幼儿生活与活动中，能更具体、更深入地激发幼儿对"年"的感知与理解，美工坊选取"红彤彤的年"为主题背景开展活动，重在用整合性的艺术支持帮助幼儿形成系统性的学习过程。从经验准备、技能习得、艺术鉴赏三种途径获取经验，利用艺术的语言进行活动，当幼儿的能力得到一定积累，就需要将艺术的工具与材料重新加以组合，使其能够表达与创造内心的艺术感受与情感。幼儿对"年"的认知需要外在支持与内在生成，教师需要提供多元的表达途径，促成幼儿自发的、个性化的表现。

我知道的春节（经验准备）

◌ 前期准备

1. 请幼儿与家长共同回忆春节里发生的事情，收集图片或视频，并带入班级。

2. 幼儿将收集来的图片分类进行张贴，并交流各地区新年有哪些相同或不同的地方。

◌ 指导要点

1. 鼓励幼儿讨论、记录自己的发现，并画一画新年。

2. 引导幼儿将自己画好的新年与同伴交流，互相说说"我知道的春节"。

十二生肖（独立探索）

◯ **前期准备**

1. 提供十二生肖的图片及泥塑作品。

2. 观察现实中的动物，感知不同的形态。

3. 准备好制作所需材料。

◯ **指导要点**

1. 引导幼儿观察十二生肖的外形。

2. 拓印鸡的外形，鼓励幼儿用多种形式进行表现，也可以装饰。

3. 可以将幼儿的作品装订好，以便进一步交流与欣赏。

新年艺术品（艺术欣赏）

◯ **前期准备**

1. 通过谈话，收集幼儿感兴趣的新年艺术品，包括新年吉祥物、窗花、福娃等。

2. 收集相关的工艺品画册、图刊等。

◯ **指导要点**

1. 幼儿从新年的杂志、报纸、画报中寻找过年图片，并剪下来。

2. 请幼儿说说自己的想法，说说各种艺术品的特点。

3. 制作艺术品画册，供幼儿翻阅。

大班幼儿技能、鉴赏经验储备——相关主题教学活动

◯ **活动解析**

　　集体教学的任务重在帮助梳理和扩展幼儿自发学习时不能获得的经验。与日常生活、游戏相比，幼儿园集体教学是教师有目的、有计划地组织的教育活动，对幼儿的学习与发展具有积极的促进作用。将集体教学置于美工坊活动中共同组成经验体系，充分考虑与幼儿自主性学习的关系与联系，确保幼儿不仅能灵活地再现已有知识，使原有的知识条理化、精确化，达到新的认识程度，而且能处理、解释、推测新问题和新现象。

大班艺术欣赏活动：吉祥图案

一、活动目标

①感受中国传统艺术作品中的吉祥图案，了解传统手工艺术及特有图案所代表的含义。

②喜欢将吉祥图案带入创作活动，学会运用整体与局部的表现方式。

二、活动准备

①收集中国吉祥图案素材，如吉祥窗花、祥云图案、吉祥福、吉祥水纹等。

②运用绘画、粘贴、塑形等形式表现吉祥物，感受中国传统艺术的表现形式。

③请家长和幼儿一起在假期收集中国传统的吉祥艺术的图片、照片和影像资料。

三、活动过程

（一）欣赏、感受吉祥图案的艺术

①播放课件，感受中国的吉祥图文艺术。

②请幼儿说说其中的吉祥元素。

③交流分享新年里会出现哪些吉祥的图案或图文，你在哪里看到过？

（二）了解吉祥图案的特点

①分组交流：引导幼儿在小组内互相交流，介绍自己收集的有关吉祥艺术的图片与实物。

②集中分享：鼓励幼儿用艺术词汇描述发现的吉祥图案与表现方式。如图案都是对称的，颜色以红、黄、金三色为主等。

③了解吉祥图案的特征：物体与图文的结合、字与吉祥水纹的结合等，这些都体现了对称与重复的表现手法。

（三）创作与欣赏

①提供画纸、笔、油画棒、记号笔等，引导幼儿在图画纸上画出自己喜欢的吉祥图案，并进行创造表现。

②教师可循环播放 PPT，帮助幼儿梳理经验，拓展表现途径。

③将绘制的图案进行展示，同伴间互相欣赏。

大班美术创想：扎染的艺术

一、活动目标

①学习用简单的方法进行扎染，知道不同的扎染方法会呈现出不同的图案花纹。

②通过欣赏，进一步感知图案与扎染方法之间的关系，对扎染产生兴趣。

二、活动准备

①幼儿已有用牛皮筋、玩具等工具和材料进行扎染的经验。

②扎染材料：布、剪刀、手套、染料、玩具、牛皮筋、扭扭棒、夹子等。

③学习扎染的课件。

三、活动重难点

重点：学习用简单的方法进行扎染，知道不同的扎染方法会呈现出不同的图案花纹。

难点：引导幼儿变换布的折法，染出不同颜色、不同形状的图案。

四、活动过程

（一）第一次欣赏，观察比较作品的异同

①出示作品图，提问：仔细观察，你们有何发现？

（引导幼儿发现白色花纹深浅不一，幼儿的扎染作品白色花纹浅一点。）

②为什么会出现这样的情况？

（引导幼儿探索这种情况与牛皮筋或绳子等绑得松紧、多少有关。）

（二）幼儿第一次操作，尝试探索发现白色花纹的深浅与牛皮筋的松紧有关

①操作要求：操作时戴上手套，注意染料不要弄到衣服、手上和其他地方；完成之后拆掉牛皮筋。

②操作时遇到困难可寻求同伴和老师的帮助。

③总结经验：原来白色花纹的深浅与牛皮筋绑得松紧有关，宽度与牛皮筋绑的数量有关。

（三）第二次欣赏作品，迁移已有经验，进一步了解与其对应的扎法

①欣赏不同方法扎染的作品，提问：你最喜欢哪一幅，为什么？

②讨论花纹是怎么扎出来的。（根据幼儿的回答出示相应的方法图谱）

③回忆经验，幼儿再次尝试操作。

④幼儿操作，教师巡回指导。

（四）作品展示

①展示作品，自由欣赏，并请幼儿分享自己的操作经验。

②引导幼儿产生继续探索使用多种材料进行扎染的兴趣。

第二节　儿童发展的质性观察

质性评价是指通过收集非数量化资料信息并运用描述方法得出评价结论的一类评价，是一种过程评价，是对游戏过程的描述与反思。质性评价包含了评价双方的对话、交流、沟通与理解，最终促进学生与教师的发展。质性评价由于采用"多元价值"的评价标准，评价主观性比较强，因此评价结果的甄别、区分功能较弱。其主要功能是沟通、理解和改进。评价者与被评价者是一种"交互主体"的关系，评价过程是一种民主参与、协商和交往的过程，是对"工具理性"的重要补充。

一、观察记录评价幼儿发展

观察评价法是教师凭借自身的感觉器官和其他辅助工具，在自然状态下，对幼儿进行的有目的、有计划的考察和研究的方法。运用观察评价法，可以比较客观、有效地监测幼儿的行为。幼儿在不同场合、活动中的种种行为表现往往是稍纵即逝的，然而又是非常真实和宝贵的发展信息。善于观察信息，是教师获取幼儿个体发展信息、了解幼儿真实发展状况的主要途径。教师可以在自然状态下了解幼儿行为发生、发展的过程，及时地发现幼儿行为发生的背景，关注到平时容易忽略的现象等。

（一）幼儿学习故事

学习故事是一种运用教育叙事法对幼儿在美育活动中的"精彩时刻"进行观察、记录、识别、预测的评价方法，学习故事的理念与《指南》的精神相符合。学习故事注重对多元化内容进行及时记录，重心迁移至态度、情感、能力、合作精神、学习兴趣、学习习惯等这些无法量化的品质上，更注重对幼儿能力的评价和培养，改变了传统对幼儿硬性的评价。

学习故事有四个步骤，称为学习故事中的四个"D"：描述（Description）、记录（Documentation）、讨论（Discussion）、决定（Decision）。学习故事的每一个步骤都有参照可依，分描述、评价和决定三部分，不但对幼儿的背景和学习过程进行清晰的动态描述，而且还有对待幼儿发生学习故事的分析和解决支持策略。其保证了学习的复杂性，对教学的验收更直观，对问题的解决处理更适合。

我们在课程实施中也伴随性地收集了幼儿学习故事，为进一步抽取关键事件和建立幼儿的成长档案做好铺垫。

👤 案例 3-1

描述：进入石艺工作坊，楚楚直接走到原材料间挑选石头，然后去拿了设计稿和彩色铅笔，根据石头的形状设计了一条小鱼的造型。完成后，她拿着设计稿走到海底世界制作间去选择材料。楚楚蹲在材料间3分多钟，上下翻动着材料，最后她挑选了黑色、红色、橙色的颜料，以及一只中号笔、两颗眼珠子、双面胶和几个大大的毛毛球一起放到托盘里。回到座位后，她开始制作，一开始，她先在石头的前半部分涂了黑色，对比了设计稿后，她又跑到材料间看看，又跑回来，继续把红色和橙色涂在石头的中间和后面部分。接着用双面胶把毛毛球粘好，贴在了颜色未干的石头上，并将两只眼睛也粘了上去。随后又站起来去拿了扭扭棒，扭了两个椭圆分别放在石头两侧，对比及调整之后，随之把椭圆都粘贴了上去，接着又拿起扭扭棒扭了个三角形，粘在石头的另一头。但是楚楚贴上去后发现这条小鱼的尾巴与自己的设计稿不是特别匹配，于是她在主题区域中的材料里找来找去，反复进行比对，5分钟后她没有发现适合的材料，于是走回到自己的作品前不肯继续动手了。

分析：从以上案例中可以发现，在创作活动中，材料是支撑整个活动的支架，只有在合理、有效地使用材料的前提下，才能将这些本来无意义的东西变得更加美丽，实现美的教育。孩子在制作的过程中比较认真，而且能够运用已有的材料进行作品创作，但是有的材料并不能满足孩子的需求，如孩子想要制作小鱼的尾巴时却发现老师所提供的材料并不能匹配她对尾巴的认识和理解，所以孩子在材料区多次地进行对比和尝试，看得出这个孩子比较细致，对细节的处理比较关注，但是最终孩子没有完成她的小鱼作品。这就是材料投放的不适合导致的孩子在创作中出现的种种问题。

调整：在很多时候，我们往往在运用材料开展美术活动之前，就对这些材料的操作方法和效果有了一定的认识和了解。材料在美术活动中呈现的效果到底是怎么样的？幼儿在操作的过程有可能遇到什么样的问题？这些教师都可以在预操作的过程中得到初步的答案。预操作的具体行进过程，表现为教师对他预测的幼儿可能出现的操作、动作或活动，用简略的、概括化的、结构化的形式"预演"一遍。根据孩子的年龄特点，有目的地创造和提供相应的材料，提供操作材料，让幼儿手脑并用、全神贯注地进行操作，这对幼儿自主创作学习、发展思维具有决定性的意义。教师要将这些丰富多彩、生动有趣的材料多层次地投放和运用到主题活动中，充分激发幼儿操作的愿望和参与活动的兴趣，让孩子在"玩"中感受美、创造美，在操作中亲近艺术，发挥材料的价值，促进自身成长。

（二）关键事件取样

关键事件是指工坊活动中的重要事件，该事件对幼儿及教师的观念、态度和行为产生重要影响。取样有利于课程组有目的地收集显著反映课程对幼儿发展成效的一系列场景片段，作为课程评价强有力的佐证材料。关键事件分为"成功型事件""挫折型事件""启发型事件""感人型事件"四种类型。为说明布艺坊活动中"幼儿对布料合理使用能力"和"剪裁布料能力"的发展状况，我们选取了这类关键事件。关键事件取样的案例呈现与学习故事有相似之处。

案例 3-2

描述：活动时间开始了，朵朵开始挑选石头，她拿起一块石头，翻过来翻过去看了看，摇了摇头又放下了，似乎觉得这块石头并不是她想要的。朵朵继续不停地翻找，对比了 2 分钟后，她选择了一块又长又扁的石头，脸上露出了满意的笑容。她和身边的小天说："瞧，我的石头很适合做京剧脸谱哦。"选择完石头后，

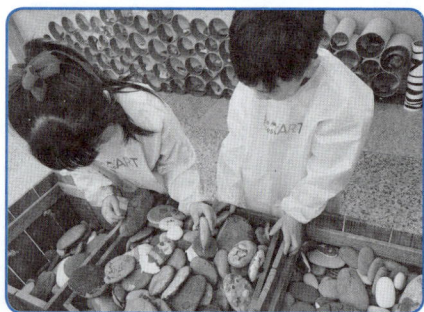

朵朵开始绘制设计稿，她先用流畅的线条把所需的石头拓印在纸上。当画到内部特征的一半时，朵朵停下了笔，皱起了眉头，似乎遇到了难处。大约 20 秒后，她将手指放在脸谱的中间位置，左边看看右边瞧瞧，比对出左右对称的图案。每次一边画一个形状，另外一边需要反复比对多次后，再找到相对应的位置对称勾画。轮廓勾线基本完成后，她又停了

下来，看看整张设计稿，想了一会儿，她再次拿起勾线笔，在脸谱的额头设计了一个富有特征含义的符号。接着，朵朵取来油画棒，看了一眼其他小朋友，毫不犹豫地拿出红色开始涂色，先涂大面积的红色，细节部分用其他同类色补充搭配。涂色过程中，她小心翼翼，没有将颜色涂到轮廓外面，全神贯注地完成了她的设计。

二、追踪记录评价幼儿成长

追踪记录法是指在一定的时间范围或阶段内，持续不断地进行观察和记录。按照事情发展的顺序，详尽地描述幼儿行为的发生及其发展变化。在不同情境下多次观察特定的幼儿，甚至重复观察，并且多方面收集其他资料，才能有效地了解和掌握幼儿的发展状况。

（一）逸事过程记录

教师记录自己认为有价值、有意义的资料和信息，以便了解幼儿的发展需要，为幼儿提供适宜的指导和帮助。以单一事件的简单微妙为主，不仅考察幼儿的行为结果，更重要的是了解幼儿行为的过程。这种记录要求对事件或行为做出间断的描述。届时，需要教师在观察、记录的基础上，对幼儿的所作所为进行解释，阐述幼儿行为背后的主客观因素，以对幼儿进行全面、合理、有效的评价。

案例 3-3
布艺坊不织布主材料和裁剪有效利用（一）

【观察背景】

布艺坊讲究的是过程，幼儿在了解每个步骤的基础上进行创作，在"设计—打样—粘贴—缝制—展示"这一完整的流程中进行自主管理、自主选择和自主创作，在"想想画画""剪剪玩玩""贴贴缝缝"中得到美的熏陶。在一次活动中，XX 小朋友说边角料和材料柜上都没有他需要的黑色不织布。老师在储物柜中给他拿了块黑色的不织布，他很高兴地去打样了。可等再次看到他时，那一整块不织布只剩下了一小半，但打样好的黑色图形只有一点点，问他原因，他说剪了好几次都剪不好，最后只剪成了这么一点。老师从这一观察中引起了思索，一整块不织布打样到最后只有一小块好用的，这也太浪费了。为避免这样的浪费，老师决定观察幼儿对不织布打样的合理利用。

【观察目的】

观察幼儿对不织布材料打样时的合理利用。

观察幼儿打样时是从不织布的哪边开始裁剪的。

【观察策略】

小组观察与个别观察相结合。在幼儿游戏的过程中，先通过小组观察每组孩子是怎么打样的，再观察孩子们在打样时对不织布是如何运用的，然后观察个别孩子是怎样来进行打样的，也就是对材料是如何分配的，观察孩子在打样间打样时是从哪边开始裁剪的，观察孩子对不织布的合理利用。

【观察描述及分析解读】

镜头：XX 小朋友在打样间进行打样，只见她在整块布的中间画下了所需要的轮廓，图样只占了整块布的十分之一，当她把轮廓剪下来后，她又反复地剪了几遍，最后还是对这个轮廓不满意，又重新画了个轮廓，重新剪。

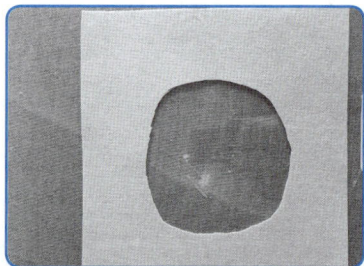

分析：其实这个孩子是一个非常追求完美的人，她对第一次剪下来的轮廓感觉不是很满意，于是进行了修剪，但后来越修越不好，越修越不满意，直到后来索性再重新剪过。上述案例中，孩子们对目测和材料的再次利用没有一定的概念，这个小女孩一拿到布就直接在中间画了一个圆，不会考虑这块布剪过了，多余的部分其他小朋友是不是还可以用等再次利用的问题。观察过后发现还有很多孩子会出现这种情况，

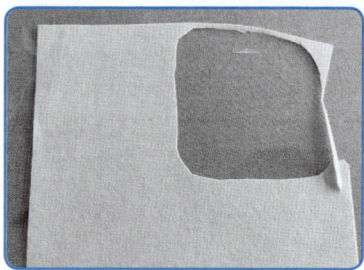

轮廓剪下来感觉不是很好就再修剪，到最后修剪得更不满意，直接再重新打样裁剪。也有些孩子们可能受设计稿的影响，设计稿为了构图美观，会将图案画在中间，所以有些孩子打样时也会直接打样在不织布的中间而没考虑到布的再次利用。

【教师引导】

1. 间接引导

教师也有自己的工作台，碰到这样的情况可以假装自己刚好需要这种颜色的不织布，拿着合适的模具去问孩子借："你这块颜色正是我需要的，能不能借我用？"假装说这块不

织布不够，然后用模具比对一下，告知孩子如果说这个圆不剪在中间，而是剪在旁边，那就刚好了，间接地让孩子知道材料可以再次利用。针对孩子的目测方法，也可以用同样的方法间接地让幼儿知道可以用一些工具来进行测量和比对以达到好的效果。

2. 讨论引导

让孩子们互相讨论，如果把圆画在不织布的中间，那么有些小朋友刚好要用这块不织布，但不够一点点，遇到这样的问题该怎么解决和今后要注意什么，从而引导孩子们打样的时候要从不织布的最边上进行裁剪，这样既节省了材料，也为材料的再次利用提供了条件。

布艺坊不织布主材料的裁剪和有效利用（二）

【观察背景】

在上次观察中发现幼儿对不织布的不合理利用，教师立即做出了调整，提供跟进的措施，从间接引导和直接讨论两方面入手，帮助幼儿了解如何正确地使用材料，以及材料的再次利用。经过一段时间的引导，本次主要观察幼儿，是否还会出现之前的情况，以及他们对不织布的使用情况。

【观察目的】

教师做好观察记录，记录幼儿对不织布的使用情况。

当孩子出现合理利用的情况时，以表扬的方式，肯定孩子的改变。

【观察策略】

片段一：孩子们来到布艺坊，继续上一次的工作。A幼儿来到打样间，开始打样他需要的蒸笼的盖子。他先去边角料区找到相应颜色的不织布，拿出来看了一下，觉得不够，又放了回去，然后又翻了一下，还是没有找到合适的，于是他走到材料柜边，拿了一张大的不织布。回到位置上，他拿起不织布，停顿了一下，然后在不织布的右上方画了一个圆，画好后他看了看，用小手拍了几下，粉笔画过的痕迹有些被拍掉了，然后他在偏上的地方又画了一个圆，画好后用剪刀把圆剪了下来。

片段二：大约过了10分钟，B幼儿走过来，和A幼儿说："XX，这块不织布你还要用吗？"A幼儿看了一下，说："不用了。"B幼儿："那我拿走了。"A幼儿："好的。"B幼儿回到自己位置上，在刚才拿来的不织布上画了其他的图形，然后剪了下来。这时我问他："你是怎么想到可以用他的不织布，而不是自己再去拿一块呢？"B幼儿说：我看他剪完还有多出来的，我拿过来用"这样就会节约布了。"

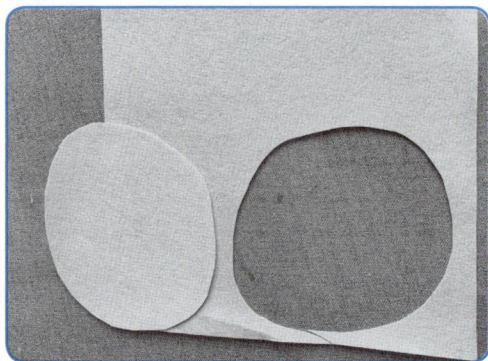

【分析】

从上述两个片段中，可以发现，经过引导之后，孩子们对不织布的合理剪法有了明确的概念。A幼儿在开始的时候，画的圆比较偏向于中间，但是他看了一下以后，马上察觉到了，于是将原来画的痕迹拍掉，进行重画，可见孩子们对于整块不织布的打样和裁剪开始有了自己的思考。这表示我们之前所进行的一些引导和策略对孩子还是有一定效果的。在片段二中，我们发现，孩子开始思考不织布的节约问题，即对不织布的合理利用。原来，孩子们肯定是会再去拿一块大布，然后开始裁剪，而这一行为的改变，也恰恰让我们教师发现了孩子们的改变，随着年龄的增长，他们开始愿意与同伴分享自己的布，且能大胆地进行交流，这是非常值得表扬的事情。从这两个片段中我们都能发现，孩子们开始对如何在一块大的不织布上合理打样和裁剪有了新的认识及改进。

【收获与反思】

从两次的观察中，我们看到的是孩子的成长，他们开始对不织布这个材料有自己的认识。我们一直强调在布艺坊中培养幼儿的自主性、自我管理能力，其实孩子自身收获及自我成长的能力也是十分重要的。在整个学习的过程中，孩子会出现各种各样的情况，当有问题的行为出现时，我们要引导幼儿学习更为合适的方法；当孩子出现一些较好的行为时，教师也要多鼓励孩子，让他的这种好行为得以强化并延续下去，也可以在结束后评价一下，让其他的孩子也可以学习。

（二）幼儿成长档案袋

成长档案袋是指对儿童作品及相关资料的收集、整理，以反映儿童的兴趣、态度，以及在特定领域中努力后取得进步与成就。成长档案袋就像用照相机来拍摄有主题的照片，记录儿童成长过程中的"一系列故事"。档案袋评价法是集观察、访谈及问卷调查于一体，将幼儿的成长记录按照时间的顺序记录和整理出来的质性发展评价方法。针对以往幼儿成长档案"重记录、轻分析，重制作、轻利用"等问题，我们对档案内容和使用进行了优化。为了减轻教师工作量，日常采用电子档案记录的方式，到学期末制成纸质档案。

幼儿档案袋评定，是用档案袋的形式有目的、有系统、有组织地收集幼儿在真实情景中表现出的信息（幼儿的作品、照片、录像、成人对幼儿做的观察记录），并附带有幼儿自评、同伴互评或教师、家长的评语，反映幼儿在一定时期内取得的进步与不足，以此来呈现幼儿的成长历程。档案袋评价是一种叙述性的评价实践，关注学习者自我认知的建构，具有质性评价的特点。利用家园互动手册及时记录幼儿的成长轨迹，每月针对孩子在园学习、游戏情况的若干方面进行细化，请家长在每个主题活动结束后针对幼儿的情况进行评价打分。幼儿园根据家长评价表进行统计，得出每位家长满意度情况，并了解幼儿在家的一些情况，以便能不断调整改善，促进幼儿的全面发展（如图3-2）。

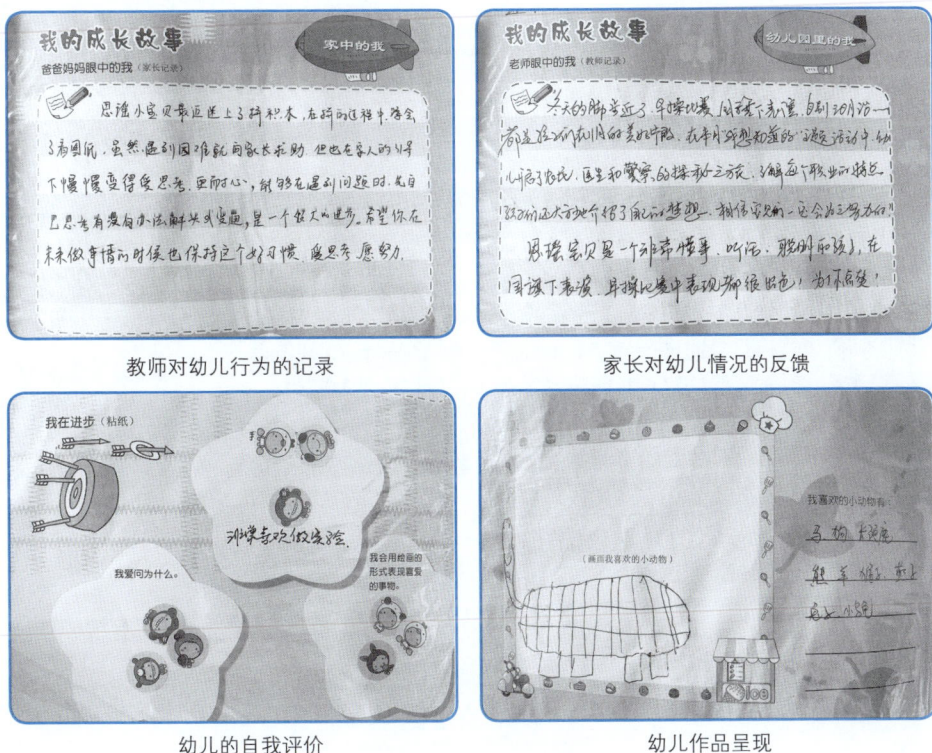

教师对幼儿行为的记录

家长对幼儿情况的反馈

幼儿的自我评价

幼儿作品呈现

图3-2　幼儿成长档案袋

（三）个性成长记录册

每位幼儿都是一个独立的发展个体，他们都有着独特的个性，个性成长记录册就是记录幼儿在某一个特定时间或空间成长过程中的发展、变化的内容，是一种定量与定性相结合的评价模式。个性成长记录册因收集资料的持续时间不同，可以有不同的内容与结构，以一个月或一学期为时间单位，制作成册。

👤 案例 3-4

观察主题	"我是小学生"	王 xx
幼儿姓名	陈 xx（男男）	2019 年 5 月
	观察记录	照片
第一次观察	进入工作坊后，男男有序地套上倒穿衣，然后自觉地走到凡凡后面说："来，我帮你弄，等下你帮我弄。""好的。"两个小朋友相互帮助穿好倒穿衣后，男男来到托盘区拿了一个托盘后走到选石区，开始从前往后边走边看，然后他又从后往前走了一遍。他摸摸自己的脑袋开始蹲下来，拿起这块看一下又放下，拿起那块又放下，就这样重复了很多次后，他选择了一块大一点的圆形石头。然后他拿着石头进入设计间设计，画了一个大大脑袋的小男孩。	
	分析： 幼儿对工作坊已经产生了浓厚的兴趣，孩子们能够相互帮助进行操作。幼儿在石艺坊时间长了，对石艺坊的操作也越来越熟悉了，所以在选石过程中，对石头的要求也越来越高了，对石头的形状是否符合自己心中的作品，石头的厚薄，等等要求更高了。	

续表

第二次观察	进入工坊后，男男走到半成品区拿了自己的设计稿和石头进入操作间，然后走到颜料区找了很久说："怎么没有肉色呢，那怎么办啊？""肉色没有的，但是上次我们在涂鸦区玩的时候，老师教过我，红加白就可以变成肉色了。"一旁选颜料的瑶瑶说着，还顺手给了他红颜料和白颜料。男男拿起红颜料挖了大大的一勺，然后又拿起白颜料挖了大大的一勺后，拿起画笔开始进行搅拌，发现颜色还是比较红，又挖了一大勺白色的，继续搅拌还是不理想，继续加白。就这样重复了好几次后，他终于满意了，开始在石头上进行涂色。等他把脸涂好后，还有很多很多的颜料在调色盘中。	
	分析： 由于孩子们接触颜料的机会相对较少，当需要通过调色来得到颜色时，幼儿对颜料的使用量把控不好，导致浪费的情况发生。	
第三次观察	进入操作间后，男男拿起上次涂的人脸摸了摸后，到材料间取了一块纸板和一瓶蓝色颜料开始进行刷色。他不停地在颜料和纸板间穿梭着，还时不时地在纸板上点几下，我走过去问："男男，为什么一直在纸板上点来点去的啊？""老师，你看，有些地方怎么也刷不上去，只有这样点才可以。""那会不会是画笔渴了，给它喝点水好不好？"他看了看我后，将笔在水桶里晃了几圈，然后继续在纸板上刷："现在真的好刷了耶，可是太湿了。哦，我知道了，要让它干一点，这样就好了。"他一边说一边将笔放到水桶边上抹两下，然后继续刷色。	
	分析： 孩子在工坊学习的时间不是很长，很多技能性的东西需要在不断的探究过程中去发现去了解，如果教师直接将孩子的问题解决了，孩子缺少探索的过程，反而会失去很多乐趣。教师在孩子需要的时候稍稍推动一下，让孩子有新的收获，提高孩子的兴趣。	

续表

第四次观察	进入工坊后，男男在已经干了的底板一角上添加了一个太阳和一些白云。他发现上次做的小人手是用吸管做的，但是已经掉落了，他重新取了白乳胶进行再次固定，然后来到材料间选了一块翠绿的不织布，重叠剪了两条腿后，将腿用白乳胶进行了固定。接着他拿着底板和石头来到胶枪区，将人物进行固定。完成后，他跟我说："老师，我完成了。"我看了看后说："宝贝，你这个小朋友做得很漂亮，但是他比较孤单啊。"他看了看后，拿着作品来到操作间，选了黄色的轻泥搓成圆片放在底板上，又选了红色的轻泥搓成圆片贴在黄圆片周围，做成小花。接着继续用轻泥制作了一些其他物品出来。
	分析： 在慢慢地接触工坊活动后，幼儿已经能够比较熟练地用石头进行装饰，但是在辅助材料的使用过程中，还是比较局限，在想象力与创造力上需要我们老师时不时地进行引导。我们后期可以将一些比较优秀的作品用照片拍摄的方式进行展示，通过一些集体教学活动，打开幼儿的思路，使他们有更多的想法。

第三节 儿童发展的量化检核

量化评价是指在评价过程中采用检核的方式去收集有关幼儿实际表现或所取得进步的资料，并在对所获得的资料进行量化分析后，对活动效果做出评价。运用常模参照评价、标准参照评价、标准化学业测验和教师自编测验所进行的评价，均属于量化的教学评价。这种评价方式更多地用于对教师的教学效果和学生的学习结果而不是过程进行评价。量化评价在学习和教学过程中发挥着重要作用，一般作用可以概括为以下三方面：第一，评价的结果为教师检验与改进课程实施提供依据；第二，评价的结果为幼儿在活动中的成长提供反馈；第三，评价的结果为幼儿家长了解幼儿在园学习情况提供参考。

幼儿发展评价的内容包含多个领域，要评价这些领域的发展情况，就需要细分具体的评价指标，使其变得具有可操作性。将每个具体的评价指标与幼儿的年龄、水平结合，体现幼儿发展的阶段性和差异性。幼儿发展评价工具是制定评价指标和开展评价之间的桥梁，是幼儿发展评价指标运用的载体。我们以教育部颁发的《3—6岁儿童学习与发展指南》《核心素养》《幼儿园课程目标》等为依据，以幼儿的基本经验、游戏活动内容和要求为指导，设计不同年龄段的幼儿发展检核指标，制定出评价检核表。我们事先将要观察的行为项目排列成清单式的表格，然后通过观察、检查核对该行为是否呈现一种量化评价的方法。检核表可以快速而有效地记录幼儿的行为是否出现，记录的内容既可以用来判断幼儿身心发展各方面的状况，也可以用来测量教育指导后产生的效果。我们以"游戏中幼儿发展评价检核表"为工具，对幼儿行为表现、能力发展水平进行评价。

一、幼儿行为检核

幼儿行为检核是对幼儿在游戏过程中的行为的检核，可检核一群幼儿某一方面的行为，也可以观察个别幼儿。设定想要观察和了解的幼儿行为，从几个角度开展对幼儿行为的检核，再将某一个角度细化为具体的观察目标行为，并整理成检核表。我们将幼儿的行为检核应用于流程检核和结果检核两方面。

（一）基于流程制定的游戏检核指标

我们以幼儿的基本经验、游戏活动内容和要求为指导，根据幼儿行为发展的常模制定检核的行为目标，根据幼儿游戏经验了解行为发生的前因后果制定行为指标。通过观察了解幼儿在游戏活动中的发展状况，在幼儿游戏的过程中设计制定游戏流程检核指标，以便了解幼儿是否完整参与游戏过程，也能让幼儿进行持续性的游戏。

根据各个工坊不同的流程，我们设计出了不同工坊的流程检核表，让幼儿在游戏过程中根据图表中的流程进行游戏，在游戏结束后以打"√"的形式记录自己的游戏过程，并能在下次游戏时持续性地进行游戏，完成全部流程（如图3-3）。

纸浆站流程检核表

石艺坊流程检核表

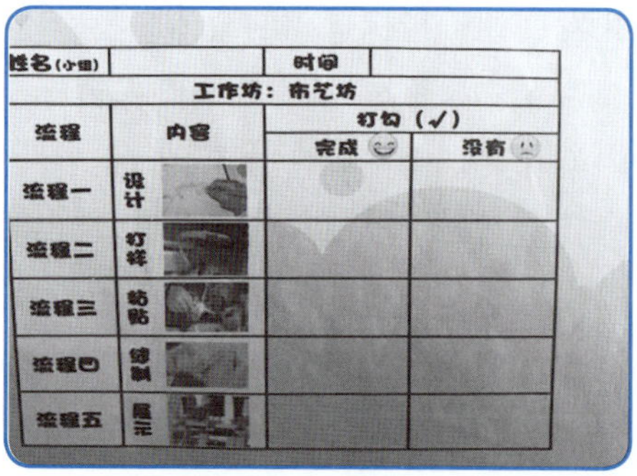

布艺坊流程检核表 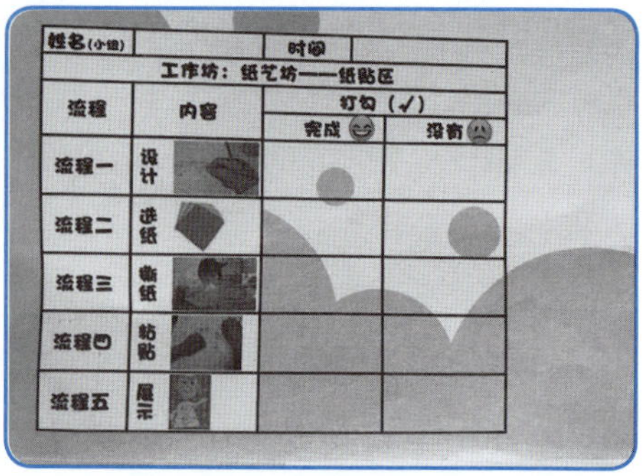　　　　　　　　　　　纸贴区流程检核表

图 3-3　各工坊流程检核表

（二）基于结果制定的行为检验指标

游戏也可以是幼儿的学习经历，而经验就隐藏在游戏经历之中。基于幼儿学习经验的评价，我们通过完成表现性任务中的具体内容来实现信息反馈的评价。以游戏结果作为表现性任务，通过对幼儿行为的观察和检核，进一步帮助幼儿养成良好的行为习惯。

如针对游戏结束后的整理习惯，我们根据游戏场地的不同，设计出工作坊环境管理行为检核表（见表 3-3），便于教师的监督和幼儿整理习惯的培养，强化幼儿主人翁意识，把游戏真正地还给孩子。

表 3-3　工作坊"小小管理员"管理行为检核表

内容	图示	完成打"√"	未完成打"〇"	人员登记
地面清理				记录时间：
				记录班级：
				记录人：
桌面清理				记录时间：
				记录班级：
				记录人：

续表

内容	图示	完成打"√"	未完成打"〇"	人员登记
材料整理				记录时间： 记录班级： 记录人：
整理情况反馈				
互评记录				

二、幼儿能力检核

自主游戏观察的最终目的在于理解幼儿的游戏行为，明晰幼儿的游戏发展状态，为教师的引导提供参考依据，从而促进幼儿多方面能力的提高。我们根据幼儿发展的基本能力来构建检核评价的内容，结合五大领域及幼儿的知识技能进行细化。教师通过持续性地观察，凭借检核表聚焦到幼儿具体的行为，通过检核评估，教师可以知道需要干什么，可以干什么，以及如何介入引导等。

（一）基于某一方面能力检验制定的检核指标

在自主游戏过程中，为了了解幼儿游戏中某一方面的能力，我们根据对幼儿在日常活动中的观察，制定各种不同的幼儿行为检核表，运用等级评价表迅速发现幼儿个体在某一方面能力上的差异，以及幼儿存在的问题，帮助教师有目的且便捷地观察记录并及时引导（见表3-4、表3-5）。

表3-4　"玩美"工作坊游戏状态检核表

幼儿姓名		班级				
检核项目	行为表现	达成期望	发展中	有待加强	备注
游戏状态	1.对工作坊游戏流程的熟悉程度。				
	2.愿意参与工作游戏。				
	3.游戏的持续性表现。				
	4.对游戏材料有一定探究欲望。				
	5.游戏状态积极、主动。				
	6.工作坊游戏时有明确的目的性。				
	7.游戏的愉悦性表现。				
	8.在游戏过程中情绪自然、平静。				
综合评析					
注意事项	在填写检核表前,教师需要回顾幼儿在工作坊游戏中的表现,包括幼儿的作品、表现的状况、游戏时间等,去判断幼儿的达成情况,在相应的栏目下打"√",将幼儿的特殊表现或特别需要关注的地方,于备注中简单描述。				

表3-5　幼儿语言能力发展等级评定表

幼儿		班级		时间	
项目	具体指标			等级	实录
理解	回应简单的陈述或问题,有时候是恰当的。				
	记得(复述)歌曲、故事或书本中的1—2个细节;翻阅图书中的某一页,因为上面有一些他们感兴趣的事物。				
	为正在进行的对话提供相关信息;将话题与自己的经验相结合。				
表达	使用手势而非话语;使用单个词语或者简短(包括2—3个词)的短语(如"再见,妈妈");说的话可能不易被理解。				
	说话的目的是传达一个需求、观察或者描述一个动作,而非参与对话(如"更多果汁";看着窗户外面说"松鼠")。				
	使用4个或以上词语组成的短语和句子;连续使用两个或以上的简单句(如"这朵花是紫色的。紫色是我最喜欢的颜色");说的话通常是可被理解的。				

续表

幼儿		班级		时间	
项目	具体指标			等级	实录
阅读	对阅读感兴趣，喜欢有人读书给他听（如在成人读故事时愿意听）；看书（如翻书页）。				
	阅读一张图片或一个符号（如从汉字关联中认出自己的名字；看到一个带有画笔标签的区域标志牌，说"那代表艺术区"）。				
	表现出阅读兴趣（如要求成人读某本书给他们听，研究书中的图片）。				
书写	在书写或绘画中探索书写材料和工具（如蜡笔、马克笔、铅笔和计算器）。				
	书写、画画或乱涂乱画；在页面上随意书写；开始写出类似字母的形状（如线和圆）。				
	书写或请求成人书写标签（如在图画或者签到表上写下名字或者说明文字）。				

（二）基于综合发展检验制定的检核指标

检核不仅仅是对某一方面能力或技巧的判断，也是对幼儿情感、经验、智慧、兴趣、个性、创造力等多方面综合能力的激励。现代课程评价已从静态的作品评价转向动态的过程评价，把对幼儿的评价过程融合在幼儿游戏活动中，关注幼儿在活动过程中学习的主动性、独立性、专注程度和努力程度。对幼儿发展进行等级评价不是为了甄别和排名，而在于关注幼儿在同一任务活动中的核心经验和学习品质上的发展差异，便于个性化指导（见表3-6、表3-7）。

表3-6　幼儿学习品质发展评价检核表

评价标准 指标		V级（5分）	IV级（4分）	III级（3分）	II级（2分）	I级（1分）
坚持性	坚持的时间	25分钟以上	21—25分钟	11—20分钟	6—10分钟	0—5分钟
	坚持的连续性	能有始有终地完成困难的活动	能有始有终地完成活动	能间断地完成活动	不能坚持完成活动	不能坚持5分钟以上
	坚持的稳定性	遇到有趣的干扰事件能自始至终坚持活动	遇到有趣的干扰事件能坚持一段时间，但无法坚持到底	遇到一般干扰事件能坚持，但遇到有趣的干扰事件不能坚持活动	遇到干扰事件不能坚持活动	不能坚持进行活动5分钟以上

续表

评价标准\n指标		V级（5分）	IV级（4分）	III级（3分）	II级（2分）	I级（1分）
问题解决	发现问题	能细致地、有目的地观察，能发现问题，并进行探究	能细致地观察，能发现问题	能进行观察，但不能发现问题	在教师的引导下进行观察，但不能发现问题	不能进行观察，不能发现问题
	猜想问题	能进行合理的猜想，比较客观，有逻辑性，能进行初步预测	能进行比较合理的猜想，符合一定的逻辑性	能进行猜想，有一定的根据，但缺乏逻辑性	能进行猜想，但没有任何根据	不能进行猜想
	解决方式	能协调多种资源解决复杂的问题	能相互帮助其他幼儿解决问题	尝试使用一种或多种办法解决简单问题	寻求他人帮助来解决问题	能重复简单行为，不能解决问题
想象力	想象的丰富性	想象的内容丰富，符合客观逻辑，有情节	想象的内容较丰富，有一定的联系	想象的内容比较简单，想象的内容之间没有联系	想象的内容非常简单，没有确定的想象内容	不能进行想象
	想象的有意性	想象具有明显的有意性	想象具有目的性和计划性，但比较简单	想象具有目的性，但目的非常简单	以无意想象为主	不能进行想象
	想象的记录	能用抽象符号进行记录	能用绘画、粘贴等多种方式进行记录	能进行记录，但记录缺乏合理性	能用简单的文字进行描述性记录	不能进行记录

表 3-7　幼儿能力发展评价检核表

评价指标	V级（5分）	IV级（4分）	III级（3分）	II级（2分）	I级（1分）
合作能力	合作意识强，能进行4人以上的合作	合作意识较强，能够进行3—4人的合作	有初步的合作意识，能进行2—3人的合作	能与一个同伴进行简单的合作	不能与同伴进行合作
观察能力	能有顺序地对比观察，能根据要求观察，能发现事物的差异和相似之处	能有顺序地对比观察，能根据简单的要求观察，能发现事物的明显差异	能按一定的顺序进行观察，能发现事物的明显差异	能进行观察，观察没有目的，往往根据自己的喜好进行	不能进行观察

续表

评价指标	V级（5分）	IV级（4分）	III级（3分）	II级（2分）	I级（1分）
比较能力	能比较出同类物体材料或功用的差异，并找出共同点和不同点	能根据物体的特征比较同类物体的差别，找出共同点	能一一对应地比较出同类物体的主要差别	能比较出同一类物体的明显差异	不能比较出同类物体的差异
概括能力	能从抽象事物中抽象概括出同类事物的共同属性	能理解同类事物具有一定的共同属性，但不能明确区分	能根据两个事物外在形象的不同，区别、概括其特征	能指出一件事物显著的外部特征	不能指出事物所具有的特征
操作能力	能进行准确、细致的操作，且有明确目的	能进行比较正确的操作，有比较明确的目的	能进行操作，操作具有一定的正确性，但常会受到外界环境的影响	能进行操作，但操作并不准确，没有目的性	不能进行操作
交往能力	能灵活地运用复杂的交往技能，以恰当的方式与人交往	能运用比较复杂的交往技能与人交往	能运用简单的交往技能与不熟悉的人进行一些交往	能运用简单的交往技能与不熟悉的人交往	不能运用交往技能与他人交往
表达能力	能有主题、有层次地讲述，语言简练，词汇丰富	能有主题、有层次地讲述	能比较连贯和清楚地进行讲述	能比较连贯地讲述，但表达不清楚	不能连贯地进行讲述
分享能力	能与不熟悉的人分享	能与自己周围的人分享	能与同伴分享	能与自己的亲人分享	不能与他人分享

三、介入式评价

2018年8月，萧山区引进了第三方教育评价，我园被列为试点园，发挥第三方教育评价的专业性、独立性和客观性的作用，优化目前的评价方式，对幼儿进行过程性和阶段性的评价，通过开学初对幼儿的初次测评，了解幼儿的实际水平，然后分析数据以评估幼儿的能力，在学期末再次通过测评得出数据。

（一）小思徽章奖励

检核不仅仅是对技巧的判断，也是对幼儿情感、经验、智慧、兴趣、个性、创造力等诸多方面的激励。现代课程评价已从静态的作品评价转向动态的过程评价，把对幼儿的评价过程融合在幼儿游戏活动中，关注幼儿在活动过程中学习的主动性、独立性、专注程度和努力程度。利用小思徽章，教师可以对幼儿的各方面情况进行过程性的评价，通过手机软件系统，实时记录幼儿在游戏过程中的行为表现，及时反馈给幼儿、家长及其他教师（如图3-4）。

幼儿姓名	得 到 徽 章										总数
	无应答	胆怯低语	自言自语	完整表述	互动对话	大胆自信	独立见解	参与讨论	发起对话	创意表达	
来*铭	无应答	胆怯低语	自言自语								3
吴*铭	无应答	胆怯低语		完整表述	互动对话						4
韩*园				完整表述	互动对话	大胆自信	独立见解	参与讨论	发起对话	创意表达	7
汪*怡					互动对话		独立见解			创意表达	3
孔*豪				完整表述	互动对话		独立见解	参与讨论			4

图3-4　小思徽章奖励情况

（二）素养积分存折

在幼儿园里，我们注重的不仅是教孩子学到具体的知识本领，更是要培养孩子的良好的习惯，塑造孩子良好的性格。结合幼儿园的素养教育和园本特色课程，我们开展一种特别的评价方式，就是"积分存折"。这个存折是用来存储、登记孩子们在幼儿园的优良表现的，教师会根据孩子的表现，如有自信、会合作、善思考、能担当，选择某一项或几项内容进行打分，并发放相应的游戏币。这个积分制度是整个幼儿园通用的，幼儿可以根据自己所得的游戏币在园内的活动中进行交易使用。每个幼儿都对"积分存折"充满期待，对争取"素养徽章"跃跃欲试。通过这样的方式，孩子们会养成一些良好的习惯，能够通过这种积分的形式发现自身的优势和不足，从而进行自我分析和评价（如图3-5）。

水珠儿成长积分卡

环保小卫士行动卡

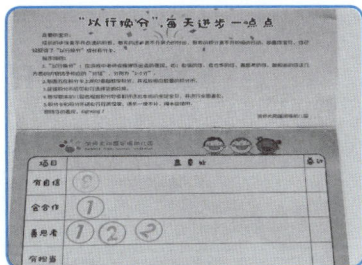

水珠儿成长积分卡内里

环保小卫士行动卡封底

图 3-5　积分存折

第四节　儿童成长的自我评价

评价主体的多元化是当今评价发展的一个趋势。评价中，实施多元主体的评价是很有必要的。幼儿既是被评价的对象，又是评价活动的参与者，他们已经具备了一定的自我意识，在教师引导下能够进行自我评价。自我评价可以让幼儿意识到自己的成长、进步过程，激发其进一步学习的热情、兴趣和信心，促使其对今后的生活、学习活动更加投入。在评价时给予幼儿机会参与评价，使其看到自己的进步，增强自信心。让幼儿参与评价，自己来评价自己或他人的活动，既可以促进幼儿的语言发展及同伴间的相互了解，还可以增强幼儿自信心，提高积极性，从而发展幼儿的个性，促进幼儿自主性的发展。

一、作品分享

作品分享是儿童回忆创作的过程，评价自己的作品，是向更高层次的艺术表达和创造表现迈进的活动。分享和评价是促进幼儿相互学习的一个重要途径，幼儿能将自己制作的作品进行展示，用来布置环境、美化生活，这是幼儿成就感和自豪感得到最大化的体现。幼儿在创作过程中富有创造性通过自己的作品进行呈现。幼儿之间相互欣赏，进行积极有效的回应，对于有创新、有新意的地方不失时机地给予赞赏、鼓励等正面评价，对幼儿创造性思维的形成和发展有着直接的影响。

如针对大班幼儿，教师应注意讲评时要从完整讲评转变为局部讲评，着重引导幼儿欣赏自己与同伴作品的不同之处，关注到画面的细节，对色彩有新的理解。同伴之间的交流和分享，说出的经验更利于幼儿接受，鼓励幼儿在以后的活动中加以应用，从而提升评价的功效。

👤 案例 3-5

幼儿进入工坊后，有的幼儿单独完成作品，有的幼儿合作完成一幅大的作品，还有的幼儿可以在制作过程中寻找不同材料进行制作、装饰。在征得教师的同意后，幼儿将作品带回到自己的班中，美化班级的环境，还纷纷与周边的小朋友分享交流自己的作品及制作的过程。

在幼儿熟悉的班级环境及幼儿园大环境中展示自己的作品，会增强他们的审美情感和自信心，让幼儿充分体验到创作的成功和乐趣。孩子的作品与幼儿园的大环境相融合，在工坊的交易站进行交换能让幼儿萌发自豪感。引发幼儿相互之间的交流和学习，不仅可以使幼儿看到同伴的优点，还可以尝试说说自己的建议，能让自己在原有水平上得到新的提升与发展。

幼儿美术作品是幼儿自我建构的艺术产物，是幼儿对周围生活的认识与感受的表达，反映了幼儿多方面发展的情况。在幼儿园的环境创设中，艺术地展示幼儿的作品，会增强幼儿的审美情感和自信心，让其充分体验到创作的成功和乐趣。幼儿作品可以展示在教室区域、走廊环境、美术玩坊等等，在不同的地方呈现不同的展示方式，体现幼儿在环境中的主体地位，让幼儿作品服务于环境，让环境童趣横生却不失优雅美感，并使每一位幼儿在作品展示中获得成功的喜悦。同时幼儿之间的互相欣赏、互相交流，也能引发他们相互之间的交流和学习。由此，幼儿不仅可以看到同伴的优点，还能尝试说说自己的建议，积累美术经验，促进美学的传递，引发更深层次的美术创造。通过评价，也能让幼儿在原有水平上得到新的提升与发展，助推幼儿经验的再提升。

二、绘画日记

绘画日记是幼儿感受和欣赏的具体表现，让幼儿将自己在工坊中的活动过程以绘画故事的形式记录下来，可以借此机会向别人介绍自己所发现的美的事物，在与他人分享、交流自己喜爱的艺术作品的过程中，不仅发现和欣赏着美的事物，也让幼儿学习美的事物，学习来源于同伴的经验。我们借助于绘画日记，发挥老师引导作用，通过对时机的把握，在循序渐进的过程中，发挥幼儿的自我评价作用。我们尝试利用绘画日记这种形式在幼儿活动中开展语言能力的自我评价。

案例 3-6

制作完成回到教室后，孩子们拿出绘画日记，用绘画的形式记录本次石艺游戏的所见所想，有的孩子画了在石艺坊对比挑选石头时的场景，有的孩子记录了制作时利用多种材料的过程，有的孩子回忆了游戏结束后清理整理的场景。同时幼儿把作品展示陈列到幼儿园的各个环境中，他们相互交流着"哪个作品更有美感""哪些脸谱代表忠诚、狡猾、暴躁""下次可以用这种材料和方式制作"等等。

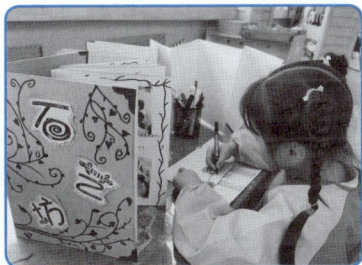

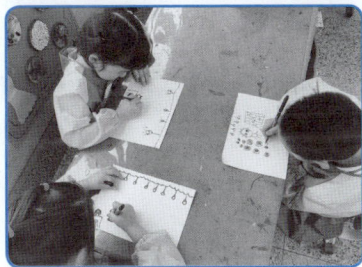

美术玩坊中提供的绘画日记是指幼儿将自己在"美术玩坊"所经历的最感兴趣的事在画面上自主表现的一种绘画形式。绘画日记对发展幼儿的想象力、记忆力、创造力及艺术表现力具有独特的作用，是适合幼儿园大班孩子的绘画形式。以"玩美"游戏为绘画内容，在美术玩坊中不断拓展绘画经验。借助绘画日记，教师可以根据幼儿身心发展及幼儿美术发展的规律，理解幼儿的作品，了解他们的内心世界，引导幼儿使用自己的绘画语言和绘画符号进行大胆创作，在创作中尽情表达所见所想，释放思想感情，展现独特个性，并习得必要的美术技能，发展基本的绘画能力，形成积极的审美情趣。

三、主题收集桌

根据不同的主题，幼儿、教师、家长收集不同的物品，陈列在桌上，供幼儿观察、探究。从幼儿、教师、家长三个层面，收集主题课程中幼儿所需的各类材料，从中发现幼儿个体身心发展特点，了解幼儿独特的兴趣、能力和需求，成为教师掌握理解幼儿发展状况的重要依据，借此教师可以及时反思调整自己的教育教学行为，重塑自己的方法与组织形式，使自己的活动更符合幼儿发展的需求，使每个幼儿的不同能力都得到相应的提高，同时，这也是幼儿成长过程的记录。通过结合主题收集各种类别的材料，进行幼儿阶段性经验的分析（见表3-8）。

表3-8 主题的集桌

幼 儿	教 师	家 长
幼儿收集关于主题的物品，放入盒内。	可借用盒中物品作为教学具及主题内容衍生的素材。	与幼儿一起准备有关XX盒中主题的物品。
放入盒子的物品，请附带物品介绍。		
本盒提供20分钟自由探索时间。	本盒为幼儿的成长痕迹，可作为主题推进的依据。	物品收集：主题相关物品、调查表、照片、视频等。
在游戏和活动中可以借用盒中物品。		
放入时间：每周五上午9：00—10：00	依据盒内物品进行主题回顾及评价。	放入时间：每周一8：00—16：00

留出空间让孩子和自然材料进行充分的交流。为他们提供了一个诉说和表演故事的地方，季节桌上不断增加的自然材料也为孩子们带来更多的灵感和幻想，扩大孩子的词汇量，提高专注度。如各种形状和颜色的叶子（越多越好），水果、农作物的实物或图片、绘本等。

第五节 课程评价的收获与成长

幼儿发展中呈现出的进步与不足，从另一个侧面也体现了教师的专业水平。教师能否正确看待幼儿、读懂幼儿，从教师对幼儿的评价中便能窥探一二。教师采取的评价方式、对幼儿进行的描述，折射出不同教师自身的儿童观和评价观。此外，评价有效促进了教师的观察记录能力和对幼儿发展的敏锐感，加深了教师对幼儿特点的了解，加快了教师的专业成长，最终推动课程的提升。

一、幼儿的收获

（一）发展幼儿自我意识，自主调整行为

在评价的过程中，幼儿依据评价的内容，对自己的行为做出相应的认识和判断。在实施过程中，引导幼儿通过直观地展示评价结果的工具，让幼儿记录自己的评价结果。幼儿进行自主游戏时的行为达到标准时，便自己进行评价和汇总。在自评活动中，幼儿积极参与其中，自我意识得到发展。幼儿互评是让幼儿借助他人对自己的行为做出评价，可以帮助幼儿重新认识自我，调整自己的行为方式。幼儿通常会通过口述评价和等级记录的方法进行互评。

案例 3-7

大班幼儿萌萌邀请好友薇薇来评价监督自己"能用适当的方式表达情绪，不随意发脾气"这项内容。当薇薇看见萌萌因制作美工作品不如意而放声大哭时，先取纸巾帮其擦拭眼泪并劝解，继而带她到自己制作的记录表前，提醒她："你看，你自己说要控制脾气的对吧。你这样，我就不能给你五角星啦。"经过好朋友的一番劝解，萌萌情绪较快恢复了平静，又投入到美工制作中去了。

幼儿"读懂"了这些评价内容，不仅能正确地认识自我，而且能如实地评价他人。只有让每个幼儿都清楚理解评价的内容，他们才能真实有效地参与到评价中，实现评价的价值和意义。

（二）培养幼儿责任意识，激发幼儿成功感

幼儿在集体环境中通过观察同伴建构起社会认知，知道什么行为在群体中是受欢迎的，什么是群体中的不良行为。在和同伴共同进行的评价活动中，幼儿的群体意识初显。幼儿不仅会用良好的行为标准要求自己，还能在群体评价时发现他人身上的闪光点，社会认知能力也随之提升。幼儿自信心形成的一个重要因素，是其在人际交往中被社会所接纳、赞许。幼儿在与他人的交往中受到同伴的影响，评价态度直接影响着幼儿对事件的态度，培养幼儿的责任意识，

同时帮助幼儿从全新的角度认识自己，更加客观地看待自己。

案例 3-8

欣欣以前的动手能力一般，而且在色彩搭配上也是不甚讲究，什么颜色都用到她的作品中去。这一次的创作中她在设计间想了很久，然后画了一个苹果的形状，还把好朋友给她提前画好的设计稿拿出来进行对比，并给它添上了眼睛和嘴巴，显得更加活灵活现了。当她画完之后，她兴高采烈地拿着设计稿去选材进行制作了。从她的一系列表现中，可以看出欣欣的巨大变化，由之前的不知所措、毫无创新到现在的受到好朋友的启发，会思考、会创新。这说明孩子的能力在不断的实践体验中提升，最终的作品也让幼儿获得了成就感。

二、教师的成长

（一）评价促使教师了解幼儿

幼儿因其年龄特征和身心发展的特点，往往会通过自身的语言和行为表达自己的观点和想法。评价过程的观察是在幼儿行为发生的真实、自然的状态下进行的，不需要对幼儿提出特别的要求，教师观察得到的结果、所获得的信息资料，是第一手资料，具有可靠性。这些资料便于教师对幼儿的行为进行分析和研究，深入地理解幼儿的行为和心理特点，做出正确的评价、判断，考察、检验教学效果，并有的放矢地调整教学方案。

案例 3-9

在一次布艺杯垫制作过程中，几个孩子的对话吸引了我的注意：

甲："你看我的，我制作的杯垫是柠檬片，是圆形的，里面还有像扇形的一瓣一瓣的，漂亮吧！"

乙："你们看我的，看我的，我的是长方形的，我还在里面设计缝制了一些爱心。"

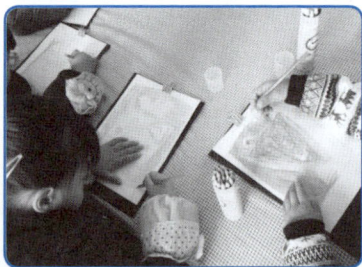

丙："长方形的有什么好看的啊！你们看我的，我做的是花形的杯垫，可漂亮了呢！"幼儿丙一边说着，一边拿着她的杯垫在其他孩子眼前晃动，信心满满。

孩子们能设计出这么漂亮的杯垫，说明在他们脑海里积淀了很多的图形符号，因此他们能创造出来属于他们自己的漂亮杯垫。

评价为教师立足于幼儿的视角提供了条件。教师有机会充分了解幼儿，走近幼儿，了解他们的想法，倾听他们的心声，从而发现幼儿的好奇和困惑，理解他们的行为，支持他们的热忱。在评价中，教师慢慢学会如何看待幼儿。对幼儿的发展评价，从来没有一个标准答案，教师带着多元的评价取向，参考多元评价主体，以长远、动态的目光去看待幼儿的发展，看到的幼儿将会更立体且充满潜力。

（二）评价改变教师习惯

当教师观察幼儿、评价幼儿的发展时，教师自身的专业能力也在悄然成长。教师在选取关键事件、收集幼儿成长信息的同时，也在思考幼儿学到了什么、为什么会表现出这样的行为。可以说，评价促进了教师的思考力，促使教师检视自己的专业知识结构，增强专业敏感性，有利于教师在工作坊内对各幼儿的活动做出及时有效的回应，能够客观地去分析幼儿行为背后的原因，同时能够根据幼儿行为较为准确地判断出幼儿的最近发展区，并提出相应策略。评价让教师养成了使用不同工具记录幼儿发展情况的习惯，同时收集的资料也更加具有针对性。

案例 3-10

一进布艺坊，两孩子的互动引起了我的注意，让我有了一丝想法。对话如下：

幼儿Ａ："小宝，你觉得这只蝴蝶漂亮吗？"

幼儿Ｂ："漂亮。"

幼儿Ａ："那我们一起来做这只漂亮的蝴蝶，好吗？"

这时，幼儿Ｂ挠挠头，一脸迷茫的表情对幼儿Ａ说："可是我不会做啊！"

幼儿Ａ跑到书架那拿了一本"书"，跑过来兴奋地说："你看，这是我和爸爸妈妈收集的蝴蝶图片，里面还有制作方法呢！要不我们一起看着这个图片来做吧，好吗？"

幼儿Ｂ点点头说："好的，我们一起来制作漂亮的蝴蝶。"于是，两人开始动工了。

从上面这则案例可以看出幼儿对自己收集来的资料很感兴趣，在收集的过程中也从爸爸妈妈那儿获取了一定的经验，制作的兴趣非常浓厚，还能与同伴合作完成，带动了他人的学习兴趣，起到了潜移默化的作用。

因此，为了进一步提升幼儿的经验，拓展幼儿的视野，我们开辟了"视野天地"，投放了一些布艺创作图书、幼儿自己收集的资料等，还将部分步骤示意图粘贴在墙上或者悬挂起来，供幼儿参照。这样让幼儿一起共同参与完成环境的布置，不仅可以增加幼儿对布艺玩具制作的兴趣，而且在收集的过程中也开阔了幼儿的视野，在幼儿与幼儿、幼儿与材料的互动中培育了创作的种子，萌发了幼儿想尝试动手制作的欲望和激情。

（三）评价提升教师反思能力

评价对教师来说是一项相对琐碎的工作。就教师有限的精力和时间而言，对坊内所有幼儿进行个性化的发展评价是一个巨大的挑战。我们开始思考评价的意义，将评价融入各坊中；制订工作坊计划，有目的地选取观察事件；科学记录，有的放矢；合理运用工具，提高效率；各坊内教师相互配合，分工合作。评价增强了教师的行动力，让教师善于规划工作，合理分配时间和精力，寻求提高效率的方法，确保评价工作的质量。

通过幼儿发展，教师成为评价的实践者与研究者。教师在实践中解决问题，改进评价状态，提升自己的专业水平；既要研究身边的幼儿，也把自己作为研究对象，反省自身，实现教师的专业化发展。

第四章

"生态玩美"课程的保障与成效

第一节 "生态玩美"课程实施中的多方保障

先进的课程理念在实践中的贯彻必然以先进的课程管理机制为保障，思考"如何形成幼儿园课程实施质量保障机制"是完善幼儿园课程必不可少的一项重要内容。在"生态玩美"课程建设中，我园重视课程保障机制的建立，专门成立"课程保障小组"以配合课程规划、设计、实施与评价，做好全程性保障服务。

一、专项经费保障

除"院地合作项目"经费外，我园还向萧山区教育局申请了"品牌幼儿园建设项目经费"。建立经费保障制度，专项使用、统一领导、分级管理，统筹安排，充分保障课程建设所需资金。

二、课程资源保障

我园课程保障小组根据课程资源的来源与途径，从人力、物力两方面充分挖掘和统筹有价值的课程资源。对外，我们组织园外专家组、联络家长委员会和社区相关部门负责人，特聘请浙江师范大学杭州幼儿师范学院的课程专家、中国美院的教授和幼教特级教师作为专家组成员，聘请美术专业毕业的老师作为该课程的兼职教师。对内，我们成立专门管理小组，做好美术工具与材料的管理；组织园内课程研究小组，定期深入开展教研活动。

三、运行机制保障

（一）形成制度，保证工作坊有序运作

幼儿园统一制定教师美术工作坊申请表、教师美术工作坊计划表、教师美术工作坊活动记录表等表格，以帮助教师聚焦学习和研究的问题，进行目标导向，并在制度中体现工坊中各角色的职责和要求（如图4-1）。

闻堰中心幼儿园玩美工作坊运行管理制度

1. 园部为四个工作坊安排指导活动的负责老师、统筹和运行活动的负责老师、落实和实施活动的负责老师。
2. 参与每个工作坊的教师中设立坊主、副坊主、成员。
3. 每个工作坊在接纳新的小坊员时，先行班进行试行，之后一个班一个班吸纳。
4. 每个工作坊都有专人老师负责，定期制订活动计划，研讨活动，检查坊里各种活动材料和资料等的正确放置。
5. 每个工作坊每周进行一次研讨活动。
6. 进工作坊的老师要观察幼儿活动，收集资料，撰写案例、关键性事件、学习故事等记录。
7. 各坊每月月底进行一次大扫除。
8. 根据主题的不同及时更换环境、材料。
9. 在工坊活动中，以培养幼儿的学习品质为主要教育理念。
10. 各坊制定坊内制度。
11. 各班按活动时间准时进行活动。

图 4-1　闻堰中心幼儿园"玩美"工作坊运行管理制度

（二）统筹考虑，保证工作坊全面安排

时间和幼儿数是制约课程运行的两大因素。我们统筹安排：第一，建立课程审议研讨制度（见表 4-1）。第二，明确"生态玩美"课程作为艺术领域课程在五大领域课程中所占的时间比重（约 30%），这样就保证了幼儿在全面均衡发展的前提下，能够促进审美与创造方面的个性化发展。第三，考虑到在园班级与人数较多，为保证"全员参与，机会均等"，我们协调了小班、中班、大班幼儿进入四个工作坊自主操作的时间，并在同一天参与工作坊活动的人员分配中，采取了"四坊打通、自主选择、定额分配"的策略。

表 4-1　课程审议计划表

月份	内容	教研策略	要求
8月	教师走进（走近）工作坊	大教研：体验式教研	以新带老，让新教师走进工作坊体验；老教师挖掘本学期工作坊的内容。
9月	工作坊选择性活动规划	大教研：理论学习	如何让幼儿进行选择性工作坊活动？
	工作坊活动如何进行联动（一）	小教研：视频收集分析	收集活动中"坊坊联通"的视频片段？
	工作坊活动如何进行联动（二）	大教研：集体研讨经验交流	如何更好地做好"坊坊联通"？
	主题审议	分段研讨	主题目标和课程目标的关系。

续表

月份	内容	教研策略	要求
10月	个案交流：坊坊联通中的幼儿行为分析	小教研：各坊交流	各班幼儿如何进出各个工作坊？
	选择性工坊活动的实施（一）	大教研：问题剖析	选择性工坊活动实施中的问题的反馈交流。
	选择性工坊活动的实施（二）	小教研：分组研讨	不同工坊教师如何进行指导？
	工作坊里的半成品（一）	大教研：案例分析	各坊半成品如何流向的问题。
	主题审议	大教研：课程故事优秀案例学习	如何更好地观察幼儿，更好地发现幼儿学习过程、方式、经验特点等。
11月	工作坊里的半成品（二）	小教研：分坊交流	各坊交流实践半成品流向中遇到的问题。
	如何管理幼儿人数	大教研：案例分析	规划表的合理运用。
	规划表的运用与困惑	小教研：经验交流	规划表在实践中的运用与问题交流。
	如何做好关键事件记录	大教研：理论学习	结合工作坊活动中的记录表进行分析、研讨和学习。
	主题审议	分组研讨头脑风暴	对前期审议过程中的问题进行梳理，聚焦问题进行分析讨论，形成策略。
12月	关键事件案例收集	小教研：现场观摩	观察幼儿在工作坊的活动案例。
	关键事件案例分析与研讨	大教研：分享交流	在工作坊活动时如何对幼儿进行观察记录与分析？
	个案跟踪记录	小教研：经验交流	工作坊中活动跟踪记录表的运用。
	任务驱动下的跟踪记录	大教研：理论学习	任务驱动下的跟踪观察与记录的方法之摄像、图片、文本的运用。
	主题审议	分段研讨	主题展开的过程是否遵循幼儿的整体感知？
3月	任务驱动下的主题生成	大教研：集体研讨头脑风暴	主题的生发。收集幼儿的兴趣和需要，形成本学期的工坊内容。

续表

月份	内容	教研策略	要求
3月	任务驱动下的主题网络	小教研：集体研讨 头脑风暴	汇总不同年龄段幼儿的兴趣和需要，构建主题网络图。
	任务驱动下的工作坊个案分析（一）——以石艺坊为例	大教研：视频观察分析	个案的浅层分析到深层分析：幼儿的任务意识在活动中的表现。
	任务驱动下的工作坊个案分析（二）——各坊	小教研：视频观察分析	
4月	任务驱动下的工作坊个案分析（三）——以纸艺坊为例	大教研：视频观察分析	教师的介入：如何更好地进行直接介入或间接介入？
	任务驱动下的工作坊个案分析（四）——各坊	小教研：视频观察分析	
	任务驱动下的工作坊个案分析（五）——以玩色坊为例	大教研：视频观察分析	探讨工坊幼儿操作材料的多样使用率。
	任务驱动下的工作坊个案分析（六）——各坊	小教研：视频观察分析	
	环境创设	小教研：现场观摩	各班级环境观摩，教师介绍。研讨如何在环境中体现深度学习取向。
5月	工坊中的活动技能如何让幼儿"消化"（一）	大教研：头脑风暴	各坊的技能要求及解决策略。
	工坊中的活动技能如何让幼儿"消化"（二）	小教研：现场观摩	各坊技能的有效教学策略的观察和记录。
	工坊活动的档案记录（一）	大教研：集体研讨	如何做好工作坊活动的档案记录（文本、视频、作品）？
	工坊活动的档案记录（二）	小教研：经验分享	交流各坊实行档案记录中的经验和困惑。
	环境创设	大教研：经验分享	环境创设观点分享及专家讲座。
6月	工坊中的活动技能如何让幼儿"消化"（三）——以布艺坊为例	大教研：案例分析	各坊技能的有效教学策略的分析与研讨。
	工坊中的活动技能如何让幼儿"消化"（四）	小教研：案例分析	
	交换驿站运行与思考	大教研：案例分析	结合各坊交换驿站的动作进行相关的策略调整。
	任务驱动下的内容梳理	小教研：经验分享	各小教研展示活动。

四、专家智囊保障

精品课程建设是一线教师与学界专家精诚合作的过程，"名师领衔，专家智囊"保证"生态玩美"课程的前沿性、理论性和逻辑性，由傅艺玲园长带领幼儿园课程研究小组对课程进行整体把关。同时，我们借助与浙江师范大学杭州幼儿师范学院长达五年的"院地合作提升幼儿园教育质量"项目，引入了省内知名专家学者作为课程建设智囊团。

五年来，李克建教授、王春燕教授、吕耀坚教授、秦元东副教授、甘剑梅副教授、刘宝根副教授、黎安林副教授、王磊博士、薛国瑞博士、省特级教师杨蓉等专家多次来园进行指导交流（如图 4-2）。

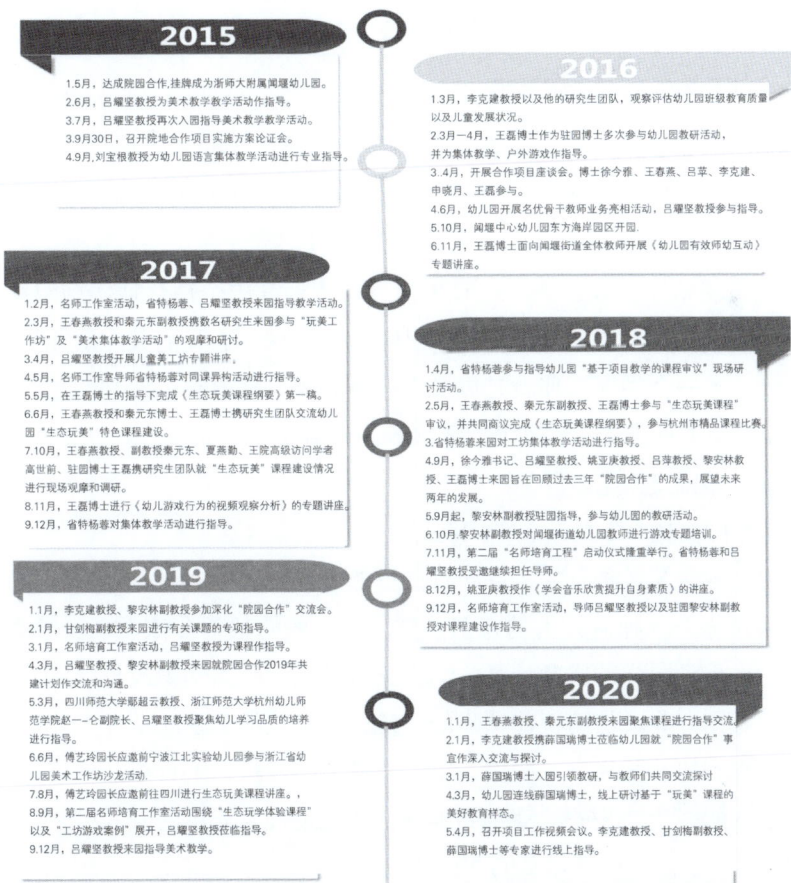

2015
1.5月，达成院园合作，挂牌成为浙师大附属闻堰幼儿园。
2.6月，吕耀坚教授为美术教学学活动作指导。
3.7月，吕耀坚教授再次入园指导美术教学活动。
3.9月30日，召开院地合作项目实施方案论证会。
4.9月，刘宝根教授为幼儿园语言集体教学活动进行专业指导。

2016
1.3月，李克建教授及他的研究生团队，观察评估幼儿园班级教育质量以及儿童发展状况。
2.3月—4月，王磊博士作为驻园博士多次参与幼儿园教研活动，并为集体教学、户外游戏作指导。
3.4月，开展合作项目座谈会。博士徐今雅、王春燕、吕萍、李克建、申晓月、王磊参与。
4.6月，幼儿园开展名优骨干教师业务亮相活动，吕耀坚教授参与指导。
5.10月，闻堰中心幼儿园东方海岸园区开园。
6.11月，王磊博士面向闻堰街道全体教师开展《幼儿园有效师幼互动》专题讲座。

2017
1.2月，名师工作室活动，省特杨蓉、吕耀坚教授来园指导教学活动。
2.3月，王春燕教授和秦元东副教授携数名研究生来园参与"玩美工作坊"及"美术集体教学活动"的观摩和研讨。
3.4月，吕耀坚教授开展儿童美工坊专题讲座。
4.5月，名师工作室导师省特杨蓉对同课异构活动进行指导。
5.5月，在王磊博士的指导下完成《生态玩美课程纲要》第一稿。
6.6月，王春燕教授和秦元东博士、王磊博士携研究生团队访问幼儿园"生态玩美"特色课程建设。
7.10月，王春燕教授、副教授秦元东、夏燕勤、王院高级访问学者高世纲、驻园博士王磊携研究生团队就"生态玩美"课程建设情况进行现场观摩和调研。
8.11月，王磊博士进行《幼儿游戏行为的视频观察分析》的专题讲座。
9.12月，省特杨蓉对集体教学活动进行指导。

2018
1.4月，省特杨蓉参与指导幼儿园"基于项目教学的课程审议"现场研讨活动。
2.4月，王春燕教授、秦元东教授、王磊博士参与"生态玩美课程"审议，并共同商议完成《生态玩美课程纲要》，参与杭州市精品课程比赛。
3.省特杨蓉来园对工坊集体教学活动进行指导。
4.9月，徐今雅书记、吕耀坚教授、姚亚庚教授、吕萍教授、黎安林教授、王磊博士来园旨在回顾过去三年"院园合作"的成果，展望未来两年的发展。
5.9月起，黎安林副教授驻园指导，参与幼儿园的教研活动。
6.10月黎安林副教授对闻堰街道幼儿园教师进行游戏专题培训。
7.11月，第二届"名师培育工程"启动仪式隆重举行。省特杨蓉和吕耀坚教授受邀继续担任导师。
8.12月，姚亚庚教授作《学会音乐欣赏提升自身素质》的讲座。
9.12月，名师培育工作室活动，导师吕耀坚教授以及驻园黎安林副教授对课程建设作指导。

2019
1.1月，李克建教授、黎安林副教授参加深化"院园合作"交流会。
2.1月，甘剑梅副教授来园进行有关课题的专项指导。
3.1月，名师培育工作室活动，吕耀坚教授对课程作指导。
4.3月，吕耀坚教授、黎安林副教授来园就院园合作2019年共建计划作交流和沟通。
5.3月，四川师范大学鄢超云教授、浙江师范大学杭州幼儿师范学院赵——仑副院长、吕耀坚教授聚焦幼儿学习品质的培养进行指导。
6.6月，傅艺玲园长应邀前宁波江北实验幼儿园参与浙江省幼儿美术工作坊沙龙活动。
7.8月，傅艺玲园长应邀前往四川进行生态玩美课程讲座。
8.9月，第二届名师培育工作室活动围绕"生态玩美学体验课程"以及"工坊游戏案例"展开，吕耀坚教授莅临指导。
9.12月，吕耀坚教授来园指导美术教学。

2020
1.1月，王春燕教授、秦元东副教授来园聚焦课程进行指导交流。
2.1月，李克建教授携薛国瑞博士莅临幼儿园就"院园合作"事宜作深入交流及探讨。
3.1月，薛国瑞博士入园引领教研，与教师们共同交流探讨。
4.3月，幼儿园连线薛国瑞博士，线上研讨基于"玩美"课程的美好教育样态。
5.4月，召开项目工作视频会议。李克建教授、甘剑梅教授、薛国瑞博士等专家线上指导。

图 4-2　专家指导交流

第二节 "生态玩美" 课程框架下的教师成长

"教育即生长"，这一观点早已成为共识。如果说教育即生长，那么对于孩子的生长，教师最大的使命就是力所能及地为他们提供好的环境。什么是好的环境？即美好的教师自身。只有当教师成为孩子学习、生活、成长的 "教材" 时，教育才能实现。

我们不必夸大教师的作用，但不可否认每位教师身上都有一种无形的独特的气质，能对幼儿产生长久的熏陶和濡染，尤其在精神世界里。师者，范也。可以说，教师自身就是一门课程，学生是教师的精神后裔，会传承教师的某些精神基因。若想学生朝着美善的方向发展，教师自己先要成为美善的典范。

一、教师角色与职能的转变

教师这一角色是综合的、多角度的、适时变化着的，会随着课程的推进、教学的不断深入及幼儿的发展与家园联动的需求而产生新的内容。

（一）审视：教师支持幼儿学习与发展的剖析

在儿童视角课程理念下，一日生活皆课程，其中个性化地实施组织活动，有效地推动幼儿的发展，是我们传承其理念的关键。在我们关注幼儿游戏的过程中，会走入一个误区，那就是以成人的世界观、价值观去评判幼儿，并认为成人才是成熟的标志，忽略幼儿自我成长的价值。

1. 基于教师支持与发展的思考

（1）教师支持与发展的关键问题思考

在生活中深挖各种资源，并将这些资源形成统一的素材，运用整合到课程当中，这是优秀教师需具备的特殊品质，而一般的教师会依靠现有参考材料，周而复始地重复同样的主题计划。学会支持幼儿，不是知识与技能的限制，而是把教学做到专业。借助特色课程的开发，引领教师基于向别人讲述课程实施教学中观察到的幼儿故事、案例，或者新增加的材料、工具等，并反思这些观察到的数据能否让幼儿的活动得到延伸，幼儿是否有充足的时间探索，掌握解决问题的能力，做自己有意义的 "工作"。

（2）教师支持与发展的关键驱动引领

结合教师对课程实施中的问题，调整任务的时机与方向。主要是在教师执行课程的过程中，了解教师的教学意识与行为，帮助教师有目的地调整活动内容，使之对预设与生成的活动有一定的把控能力。尤其是在实施"生态玩美"课程中的一些拓展活动、原发性活动，或者基于主题背景的活动时，教师需要时刻把握教学的目标，并有效地开展活动。

2. 基于教师支持与发展的价值

（1）提升满足幼儿实际发展需求

教师课程实施中能形成有效的教学能力，关注课程理念和目标，理解幼儿的发展是从兴趣中启发、审美中提升、创造中体现、主动中学习，拓展的不仅仅是内容，而是将课程的目标进行升华，为幼儿的个性发展提供平台，更是幼儿园特色课程实施的长远意义。

（2）推动课程的可持续发展

有效的教学能力体现在幼儿园教师的保教质量意识与主动行为上，幼儿的学习关键在于积极主动地参与游戏活动，教师需要为幼儿创设能让其全身心投入的环境，并为幼儿的学习提供支持与帮助，拓展他们的经验，这是推动课程发展的要素。

（二）建构："美好"教育下对教师样态的认知

正如普罗亭诺斯说的，"你若想观照神与美，先要你自己似神而美"。教师首先要让自己成为一个美好的人，其次需要具备精神样态、职业样态和生活样态的三重美好。如：我们着眼于"美好"开展精神食粮系列活动（见表4-2），促进教师向"美好样态"发展。

表4-2 美好精神样态下的精神食粮系列活动

心灵上的滋养	教师的心灵"美"，取决于思想的丰富。如开展读"好"书、听"好"课，赴北干山、金融小镇等红色基地净化心灵等活动。
美德上的熏陶	教师的美德，立足于其心地的善良。如开展师德师风专项培训、英雄人物事迹的学习、最美"闻幼人"评选活动等，修之于身，其得乃真。
行为上的润泽	教师的行为之"美"，根植于其气质的高贵，举手投足都无形影响着孩子们。如成立教师"工作室"，对课程相关内容进行深度的研修；开展技能、礼仪、环保等专业知识培训等。

1. 具有"美好"的精神样态

美好的精神样态是指我们对于美的追求，追求美的心灵栖息地，寻找美的生长点。在一切美的创造中，内在质地的美永远是第一位的，让内在质地向美而生，才是美好教育样态下教师精神的落脚点。

2. 具有"美好"的职业样态

"美好"教师兼具美德与智慧，把工作看作一场"美"的进修与自我实现的实践，在职业中进修创造，基于原有经验，将新知识纳入原有的知识结构体系，同时培养自我的审美与艺术的感受性。

教师面对的是富有童真的孩子，亲身经历着儿童的学习与发展。我们把每一个儿童看作独立的个体，尊重他们，并掌握有关儿童发展与学习普遍规律的知识去激发儿童的潜能。着眼于美好的生态教育，形成内外统一，师幼发展相融合，向美而长、向美而展的职业情怀。"园长妈妈，你讲故事真好听！"一次课堂上，园长妈妈深深被孩子的话语感染。之后，园长妈妈便化身"故事王"，每周无论多忙，一定坚持通过广播、微信公众号推出"园长妈妈讲故事"栏目，用甜美的声音伴着孩子们入睡。2020 年寒假，一场突如其来的疫情打乱了原本有序的假期。即使是在如此非常的时期，园长妈妈依然心系孩子们的成长，精心准备、录制视频为孩子们生动讲述热点话题"关于新型冠状病毒的那些事儿"，安抚孩子们宅家不能出门的小情绪。园长妈妈用心诠释了这种职业的美好。

3. 具有"美好"的生活样态

生活即教育，我们的生活处在各种生态系统中。美好的教育必须着眼于生活的教育，教师对生活的态度直接影响着自身的教育理念。我们在为幼儿提供满足其身心发展的生活环境的同时，必须理解现有的生活状态，给予支持的同时，呈现出与生活相联系的美好生活样态，在幼儿生活与学习的过程中渗透尊重生活、关爱环境的理念，使幼儿学会用美的视角看待生活，懂得自然之美、行为之美、心灵之美的意义。

老师从生活中寻找教育契机，打开心灵之窗，寻找生活之美。在幼儿园"生态玩美"课程的开展中，"美术与生活"板块就指出课程主题、内容要源于幼儿生活中的艺术经验，并拓展他们的原有经验。培养幼儿在生活中用美的眼光看待世界、用美的方式表现生活、用美的心态对待人生，追求精神富足的生活情趣与品质。基于美好生活的理念，教师从生活中创生课程。如运用生活化的经验来支持幼儿的学习，在"红彤彤的年"中结合幼儿在新年中的所见所闻，提炼学习支架，把生活中的贴窗花、送年礼、做年点等生活经验联系起来，为幼儿提供一个生活化的场景，使其在感知年味后用艺术的形式展现出来，既丰富了幼儿的认知经验，又能从生活中丰富审美情趣。

（三）转变："美好"教育下教师角色与职能的实施路径

1. 做"有准备"的教师

我们所说的有准备的教师，必须具备以下三点：一是充足的自我经验储备，也就是对开展教学中自我知识的构建；二是必要的课程实施判断力，有计划、有目的地开展教学时的思辨性；三是具备相关专业技能，在实施课程中是否有保障幼儿学习所需要的专项技能。这就是课程实施中教师必须要有的三点"准备"，确保在意外情况（幼儿自主学习、同伴学习、突发事件等）出现时，能发现当下情况的教学契机并利用这种机会合理地组织教学。

"生态玩美"课程的实施，对教师的课程实施能力提出了很高的要求。课程的灵活性与多元性使得教师需要更多的自我学习与反思空间。因此，有准备的教师对推动幼儿发展与课程持续性深入有着深远的意义。有准备的教师应该认识到儿童主导的学习经验和教师主导的学习经验同等重要，二者的整合是促进儿童学习知识和技能的最佳方式。有准备的教师会思考哪种学习经验对领域中的知识、技能、情感的学习最有效，并提出优化学习的教育策略。

如有准备的教师应该具备课程判断力，应当明确一个有效的幼儿教育课程由儿童自我建构、教师支持的学习经验共同构成（如图4-3）。一是在儿童自我建构的学习经验中，成人是有准备的教师；二是在教师支持的学习经验中，儿童也能积极参与。

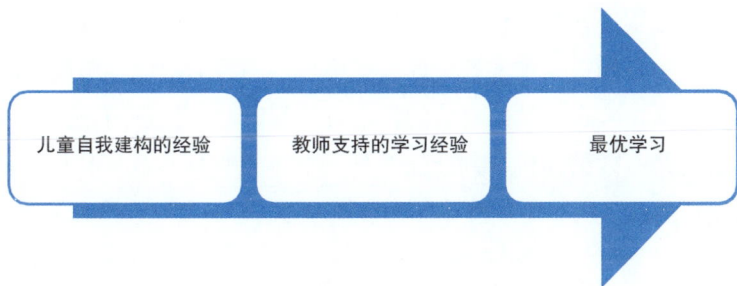

儿童自我建构的经验 教师支持的学习经验 最优学习

图4-3 有效的幼儿教育课程构成

👥 **案例 4-1**

在进入工作坊活动时，教师会张贴一张工作坊"管理员"的记录表格，上面会用符号提示"管理员"所需要完成的"管理工作"。表中明确指出管理的内容，如材料情况、卫生情况、整理情况、特殊情况。在活动的整个过程中，当天担任"管理员"的幼儿需要根据检查内容进行"记录"。每次活动结束后，教师会和"管理员"们一起检查工作坊，记录自己发现的问题。幼儿会用图示符号的方式记录，如材料没有放回原位，"管理员"会在相应的位置上画一个"X"的符号，还会画上没有摆放好的材料。"管理员"没有发现的问题，教师会用提示符号在记录表上做出记号，如果有些材料确实少了，那么就画一个类似这种材料的符号或标记；如果是没有发现整理得不到位，则会画一个不高兴的表情。

检查过后，孩子们会根据记录单上的反馈情况进行讨论。材料没有了该怎么办？我们可以怎样获得新的材料，有标记的地方是哪里发现的？为什么会发生物品没有摆放好的现象？教师和孩子们一起讨论改进的方法。无论是"管理者"，还是"游戏者"，孩子们都会从自己不同的立场发表自己的观点与想法。

以上例子中的教师有明确的意图和目标，并把这种意图和目标贯穿在游戏的各个环节。在实施教学目标的过程中，教师利用了幼儿自主建构学习经验和教师支持学习的方式。孩子们自然而然地对工作坊产生责任感与归属感。教师运用管理员记录表来强化幼儿的公共责任意识，让孩子们参与到工作坊的"管理"中，让他们知道每个进入的"工作者"都要负责与自我管理。

2. 开展"有准备"的教学

有准备的教师是支持幼儿学习与发展的最佳支持策略。"有准备的"即行动有目的，在头脑里有一个目标并有实现这个目标的计划（见表 4-3）。有准备的教师与有准备的教学互相作用。我们所指向的有准备的教学是指在与幼儿一起学习与生活的过程中，教师致力于传递知识、信息、技能、态度，首先表现在课程实施过程中，知道儿童发展目标与实施计划内容的对应，明确幼儿需要什么并能学到什么。其次是掌握有效的教学方式与方法，促进幼儿多领域的学习与发展。最后是有效的评价，判断幼儿预期的学习目标和发展目标，兼顾个体与群体的发展需求，从而提升教学方法与管理方式。

表4-3 教师的教学准备

准备的方式	有准备的具体事项	备注
建构课程学习的物理环境	兼具审美与功能性的工坊环境 兼具支持与探究的物质资源 兼具展示与获得感的空间与平台	
合理安排课程活动计划	灵活多元的活动安排 多种类型的任务活动 充足的游戏空间与时间	
支持多元互动	满足幼儿审美需求与创作需求 支持鼓励幼儿的主动探究与表达表现 提供必要的支持与技能	

二、教师支持与发展的行动策略

（一）任务驱动下，教师为课程建设提供有效支持

教师在课程实施中必须把握课程的走向，制订出符合班级幼儿发展的课程计划，这是非常关键，也是需要每一位教师认真思考的教学方式。对于教师，学会思考就等于学会学习，积累一定的课程反思能力，有助于转换视角，理解什么是幼儿需要的课程（如图4-4）。

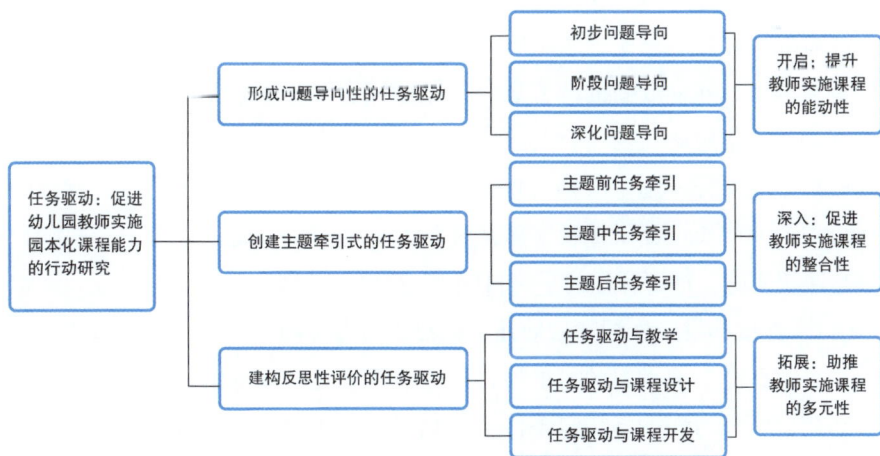

图4-4 任务驱动下教师课程实施能力提升的研究内容框架

1. 问题导向性的任务驱动：提升教师课程实施的能动性

教师课程实施的过程是一个课程意识自我构建的过程。从课程内容即学习经验的取向看，把课程内容看作儿童学习经验，认定儿童是主动学习者，决定

学习"质"和"量"的主要是儿童而不是教材。因此，教师在实施教学的过程中，就要思考课程内容是否以儿童为中心。基于这一思考，我们以教师课程实施中的导向性为主要驱动路径，形成多维度的"任务"方式，为教师提供主动性思考的平台。具体从初步、阶段、深化三个有层次的问题导向进行任务驱动，其中包括教学支持与教学创生两个方面。教师结合课程实施中的问题，调整任务的时机与方向。主要是在教师执行课程的过程中，了解教师的教学意识与行为，帮助教师有目的地调整课程内容，对预设与生成的活动有一定的把控能力。

2. 主题牵引式的任务驱动：促进教师课程实施的整合性

幼儿园教师的课程能力是"教师具有的、基于课程知识与技能的、直接影响课程活动运行及其成效取得的能动力量"。创建任务的目的在于启发人的学习与成长动机，支持教师自我建构与自我学习，促使其积极参与课程建设。对于这一研究内容，我们将从三个方面展开行动：一是围绕开展的主题，进行主题前期的任务牵引，主要提升教师课程前期审议能力；二是主题中期的任务牵引，主要是帮助教师进行课程创生与班本化实施；三是主题后期的任务牵引，帮助教师确立课程实施后的完善与拓展性思考。

3. 反思性评价的任务驱动：助推教师课程实施的多元性

原有的课程内容并不一定适宜当下幼儿的发展，教师要从课程原有内容进行分析与调整，并形成新的课程思路，紧密结合课程理念与目标，主动建构课程计划。通过集中研讨与研学的方式，理解实施发展适宜性的关键因素。第三阶段就是形成课程实施中教师有价值的教学策略，促进教师的发展。持续的自我评价与专业成长保证了课程实施最终的意义与目的，就是让每一个教师积极地参与课程实施，理解课程的最终目的就是把主动权交给孩子。

（二）深度助推下，教师为幼儿发展提供有力保障

为了解幼儿全部学习的可能性，建立支持幼儿自主探索的氛围，我们必须重视幼儿自身努力而不是特定条件下的结果，必须聚焦的是过程而非结果。正因为如此，我们需要给予幼儿足够的探索时间与空间，为幼儿营造支持性环境与材料，促使他们在反复操作材料、运用材料的过程中获得艺术表现的安全感，促进幼儿深度学习，养成良好的学习品质。

1. 利用物质资源，引导幼儿主动探究

教师能够对幼儿的需求，充分利用物质资源，激发其好奇心与积极性。在

工坊游戏中，教师为幼儿提供陈列物，以及铺垫审美经验的能力、随着项目任务的主题，不断更新环境的能力、投放美术材料和工具的能力等等。课程内容与环境的特殊性，表明教师需要具备相关的艺术经验和能力，确保课程的有效开展与实施（见表4-4）。

表4-4 利用物质资源支持幼儿主动探究学习的策略

前期	中期	后期
幼儿表现： 1. 熟悉环境，缺少目的性。 2. 在小组活动时间里观察同伴活动。 3. 熟悉环境后观察其他幼儿使用材料的方式。	幼儿表现： 1. 对提供的资源材料有一定的了解，具有一定的目的性，会选择性地挑选材料。 2. 在提供资源的基础上，会用不同的方式去操作。	幼儿表现： 1. 熟知材料的特性，会根据创作需要调整、改变、增添材料。 2. 在了解材料性质的基础上，会深入地探究一种或多种材料。 3. 当一种材料无法满足创作需求时，会主动寻找相关的资源进行活动。
支持路径： 1. 提供可以让幼儿充分感知材料的空间与时间。 2. 对幼儿操作的材料进行记录，并呈现相互学习的支持。	支持路径： 1. 改变原有材料的大小、容量，让幼儿有更多机会以新的方式操作材料。 2. 提供原有材料的不同分类，让幼儿以新的角度使用材料。	支持路径： 1. 提供资源组合的类型书籍和其他资料，支持拓展学习。 2. 持续提供利用某种材料，激发幼儿多种操作与使用的方法。

我们认为必须扎实幼儿美术经验构建的载体，寻找促进幼儿美术经验有效提升的方式。材料与幼儿发展之间存在着一种双向关系，材料既能刺激幼儿的行为方式，又能诱发幼儿的行为动机。因此，我们要通过优化材料的使用和投放，让材料成为美术经验构建的载体，让美术经验成为幼儿美术活动的基石（如图4-5）。

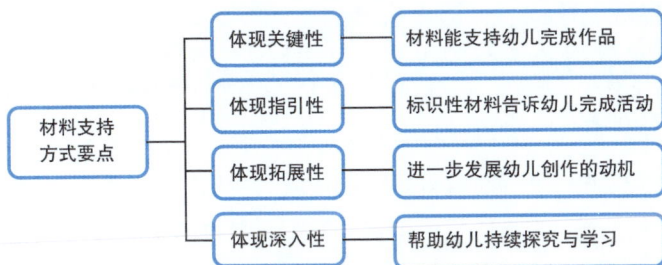

图4-5 材料支持方式要点

为了更好地为幼儿的主动学习与探究提供良好的学习环境，教师借助环境创设评价工具（见表4-5），阶段性对环境创设进行反思分析与调整。

表4-5　环境创设评价表

评价项目	环境创设评价指标	评价等级并描述		
		高	中	低
环境目标	能调动幼儿主动学习 隐性与显性兼顾 适宜幼儿年龄			
环境准备	空间设置与活动 材料与内容的契合度 自热性资源的整合性			
环境内容	材料投放的适宜性 操作标识有阶段性 展示作品有替换性 鉴赏作品有借鉴性			
备注				

当你从生活视角、儿童视角去审视课程环境时，请运用此表进行评价，在符合的等级栏目里打"√"。

2. 积极有效的互动，支持幼儿多元化的表达与表现

对于教师来说，耐心地让幼儿以自己的方式学习很重要，太快插手、干预幼儿计划，提供解决方案或为幼儿做某事时，会剥夺了幼儿自己发展和创造的机会。我们特此制定互动支持幼儿主动学习的支持策略（见表4-6），防止过度干预。

表4-6　支持幼儿主动学习的支持策略

阶段	幼儿	教师
第一阶段	提出自己的困惑与问题。	引导幼儿将学习看作用不同操作方式进行交流的过程。
第二阶段	与同伴一起讨论问题，偶尔会有争执。	鼓励幼儿学会认可或质疑同伴的想法。
第三阶段	会接受同伴的意见，也会自顾自地坚持原来的想法。	引导幼儿与同伴一起进行问题讨论，并尝试去运用。
第四阶段	对于有些自己无法完成的操作，会放弃，也会合作完成。	引导幼儿合作学习，记录解决问题的方法与感想。

工作坊游戏是一个特别值得研究的领域。我们把工作坊自主游戏创设成为一个包含真实情境，需要幼儿去探索、解决、学习的游戏场所，充分发挥幼儿的学习潜能，并不断拓展，发挥游戏的真正价值。游戏中教师的指导是必要的，如何介入和指导，怎样使幼儿的游戏水平不断提高，促进幼儿深度学习，需要我们不断思考和实践的。建立"教师工作台"的目的很明确，即思考当孩子在工

作坊游戏的时候，教师除了关注孩子活动以外，还可以做什么，教师能用怎样的方式介入幼儿游戏，才不会过多地干扰幼儿的游戏，让他们有更多的学习与发展的机会，从浅层学习转向深度学习（见表4-7）。

表4-7 工作坊游戏敏感关注过程观察与指导策略

敏感关注的过程	观察要点	教师的策略	措施
教师创设作品	注意	对问题恰当的预期	意识到哪些活动或技能需要个别化的关注。
引发幼儿关注	支持	提供个别化的支持	教师对幼儿的问题及需求能及时进行回应或反馈。
幼儿学习操作	观察	有目的地发现	教师能始终关注幼儿的问题。
操作遇到困难	帮助	寻找支持和指导	主动参与，适时适宜地介入幼儿的活动。
寻求答案方法	推进	有效推进深度学习的机会	幼儿很自然地向教师寻求支持，并与教师分享想法。

充分利用幼儿玩中学的天性，尊重幼儿的学习需要教师与幼儿不断沟通，因此，教师要根据观察到的幼儿发展过程，决定提供什么样的支持和挑战来引导幼儿进行深层次的学习。当然，在"玩"的过程中，教师的行为及与幼儿的对话，都是幼儿有意义的学习源泉（见表4-8）。

表4-8 幼儿与教师一起研发的深层次学习的关键性策略

序列	指导要点	具体措施
1	引导幼儿学会使用不同的工具和策略	根据兴趣、需求选择材料，并引导幼儿充分接触材料后探索、操作材料。
2	指导幼儿在学习过程中仔细观察	关注材料的审美特点，教师不能仅仅依赖自然发生的审美体验，更要思考如何才能提高幼儿对审美元素的内在倾向性。
3	引导幼儿在游戏中学会自我评价	提供一些指导性问题，让幼儿反思，哪些是新发现的，哪些是不能完成的。与幼儿一起讨论作品，进行记录。
4	跟随儿童的兴趣进行"对话"	理解幼儿的观点，仔细观察幼儿的活动，随时和他们交流，跟随幼儿的兴趣，进行真实的对话与互动。
5	支持幼儿向同伴学习	幼儿有能力帮助别人，也能听取他人意见并从中受益。帮助幼儿建立更多的联系，让他们彼此用新的方法观察、合作、解决问题。

3. 有效的观察分析，支持幼儿深度学习

教师需要通过观察，评估幼儿的需要，再通过日常教学反思、个案分析及集体教研活动等方式，对教学行为、活动内容等不断调整，以提升幼儿经验，促进他们的深度学习。

在工作坊游戏中，教师依据反思的问题调整计划，将现有计划与已有计划进行对比分析，最终形成新的适合幼儿发展的课程计划。教学模块的设定需要进行周密的研讨与交流，结合幼儿现有的活动模式，教师必须要有条理地进行整理，才能总结出有效的发展途径。如在实施特色课程中，新年是我们的传统佳节，是幼儿生活中实实在在体验过的，因此，在开展新年系列特色项目的时候，教师必须根据幼儿的年龄特点，采用适宜的教学模式，是以主题式开展，还是以项目式开展，这就需要教师很好地建立课程实施思路，规划教学内容与方式（见表4-9、表4-10）。

表4-9　萧山区闻堰中心幼儿园"玩美工坊"观察记录表

观察区域		观察者		
观察对象		观察日期		
观察记录			分析	
			我发现的：	
			我想到的：	
			后续思考：	
照片：				

表 4-10 萧山区闻堰中心幼儿园玩美工作坊游戏检核表

工坊名称		时间			班级：
幼儿姓名		本阶段重点：			
检核具体指标		达成期望	发展中	有待加强	备注
1. 对工作坊游戏流程的熟悉程度。					
2. 愿意参与工作坊游戏。					
3. 游戏的持续性表现。					
4. 对游戏材料有一定了解，愿意探究。					
5. 学习状态积极、主动。					
6. 工作坊游戏时有自己的想法。					
7. 游戏的愉悦性表现。					
8. 与同伴之间的合作和相互学习。					
9. 能选择适宜的制作材料。					
10. 灵活的运用材料。					
11. 在使用材料的过程中发现材料的特性。					
12. 掌握使用材料的适当技巧，有改变材料的动机。					
13. 游戏中的学习性表现。					

教师通过"反思性教研"的深入开展（见表 4-11），提升课程实施教学的观察技巧与记录能力。如课程中的项目主题实施本就来源于幼儿生活中感兴趣的人、事、物，教师需要学会观察，从幼儿感兴趣的事物中寻找教育的契机。

表 4-11　阶段反思性教研推进表

序列	内容	研修思路	教研策略
1	基于工作坊视角下幼儿学习品质的解读	了解学习品质的意义和价值与相关研究	专家培训小组研讨、头脑风暴
2	基于工作坊幼儿专注力的解读与剖析	收集游戏案例（视频、作品等）观察分享具体品质的解读	工坊小组教研观察案例解读
3	专项学习——幼儿计划性的多种途径与案例举样	实践观摩与收集资料，收取专项的案例	案例解读、分组研讨、集体交流
4	关于工作坊学习品质优秀观察案例的分享与交流	优秀案例的解读与分析，并支持教师发现问题	专家培训、小组研讨、头脑风暴
5	工作坊学习品质层次性的梳理与提炼	聚焦分类案例，形成专项案例收集与解读	理论学习与集体研讨、头脑风暴
6	工作坊学习品质发展的关键路径研讨	研讨交流具体观察路径与参考指标，制定相关策略	小组教研、实践案例研讨
7	观察分析工作坊学习品质的关键策略	制定具体的支持策略，进行效度分析，并提出相关意见	工坊主题研修、案例解读与交流
8	工作坊学习品质发展中评价要素研讨	找寻理论依据，并制定相关的评价方式与策略	专家指导、实践案例剖析、头脑风暴

三、教师成长发展的成效与反思

（一）从课程的设计者转变成知识的共同建构者

　　教师在视觉艺术教育中应当遵循一般发展适宜性实践的基本原则。在美工坊活动中，幼儿需要教师和其他成人聆听自己的想法，并提供帮助和支持。因此，教师首先要作为一名实践者，跟随幼儿去了解、感知材料，在自身体验与理论之间建立联系。教师在使用材料的过程中，要开放性地将艺术纳入其中，并且对幼儿的兴趣和能力深入了解，为他们提供各种机会去探索、制作、鉴赏（见表4-12）。

表4-12　教师课程实施中的教育行为的转变

内容与方式	教师主导的活动	共同建构的活动
基于内容	注重的是内容的实施	关注的是内容的形成过程
基于儿童	知识技能的直接传授	关注的是幼儿的学习动机与潜在能力
基于评价	看重的是过程后的结果与收获	侧重的是过程中能力的拓展
基于课程	基本上参照课程方案实施	会根据幼儿的兴趣与能力不断地生成或拓展课程

（二）从为儿童提供指导转变为儿童的支持者

　　基于幼儿美术学习的特点，美工坊教育是为了促进幼儿多领域整合发展。教师作为活动的参与者、支持者、观察者，在浸润的环境中，自然而然形成走进幼儿、细心观察的习惯，为幼儿在过程中收获的成功而喜悦，为他们遇到困难自己想办法解决的勇气而自豪，更为他们在互相学习与合作中的成长而欣慰。作为教师，要学会观察，也需要在观察中解读幼儿的行为与需求，从而进一步依据理论与实践来改变现状。

　　案例 4-2

　　在石艺坊的材料投放中，材料的针对性、适宜性和全面性十分重要。针对幼儿的每一项活动，教师需要准备这项活动中可能会需要的材料，这就要求教师在美术活动之前首先考虑这次美术活动与其他活动之间的区别，从而筛选出有针对性的材料，方便幼儿在第一时间能够关注到这些材料。

同时，我们也需要思索准备的这些材料是否足够吸引幼儿，对于幼儿来说是否有趣。如果每次的材料固定而又单调，长此以往，幼儿必然失去对美术活动创造的兴趣。再者，教师还需要遵循幼儿与生俱来的创作才能，选用一些在"创"上有新意、有拓展的材料，材料可以加减、改造、组合，集做、玩、启、创为一体，为幼儿空间造型能力和艺术思维的发展奠定良好的基础，使幼儿全身心倾注在艺术创作之中。例如在本次工坊案例中，制作《海底世界》前期，教师应当针对制作需要的材料进行预先构思，从所有美术材料中筛选出适合本次制作的基本材料，将画笔、涂料、扭扭棒、胶水等幼儿必然会用到的材料提前准备好，虽然不进行针对性的提醒，但也能确保幼儿在想到这些材料时能够立刻从原材料间获得。

材料的准备也需要十分充分，幼儿的发散性思维较强，很容易联想到一些教师未想到的材料。在制作中，幼儿便尝试采用了双面胶、泡沫胶、热熔胶三种胶水，这时候教师需要及时提供相应的材料，并观察、记录幼儿领取材料的用途及实际使用效果，以便下次美术活动时能够用以参考和完善。此外，教师间可以多学习和交流新采用的美术材料，对于其中有特色、有创意的材料及时引进，丰富幼儿的创作空间。

（三）从学习的主导者转变为理解的交流者

美工坊的制作是通过材料的加工，改变材料形态，从而实现设计方案的施工过程。从幼儿构思、设计到选材制作，无论是幼儿与教师，还是教师与教师，都会形成联动关系。在这个过程中，制作技艺至关重要，虽然不等同于艺术才能，但它仍然是艺术才能结构中的构成要素之一。由于材料的性质与形态、创作的意图、创作主体的审美观点的不同，手法、制作的技法也多种多样。教师在这个过程中就是一个与幼儿共同成长的个体，是一个能与幼儿对话、理解幼儿想法、推陈出新、给予智慧分享的伙伴。在幼儿成长的过程中，教师的专业水平也得到了发展。

（四）从单一的教育者转变为家长的伙伴

在美好教育的背景下，我们认识到，幼儿享有自己的权利，具备自己的能力和技能，有着自己的体验与感受，并且他们父母的观点、能力、知识和技能也伴随着参与其中。我们坚信家庭是教育过程中不可或缺的要素。教师们通过搭建班级工坊交流沟通平台与家长探讨"工坊的那些事儿"；通过资源收集共享，让家长参与工坊的材料收集；借助公众号平台、网络直播平台，为家长提供优质的亲子互动小游戏；组织"参与式"工坊活动与研讨，邀请家长参与课程建设、家园互动教学、共同体验游戏等。

《幼儿园教育指导纲要（试行）》指出："幼儿学习是综合的、整体的。在教育过程中应依据幼儿已有经验和学习的兴趣与特点，灵活、综合地组织和安排各方面的教育内容，使幼儿获得相对完整的经验。"以关怀、接纳、尊重的态度与幼儿交往。耐心倾听，努力理解幼儿的想法与感受，支持、鼓励幼儿大胆探索与表达。当按计划进行的活动或提供的材料不能引起所期望的反应时，教师应主动反思、寻找原因，及时调整活动计划或教育行为，使之适合于幼儿的学习。从这个意义上说，幼儿园课程的核心就是幼儿经验的获得。

教师是课程的设计者、实施者和评价者，他们从原有的实践探索走向脱离了原有依附于实践而缺少理论架构的思路，逐步形成清晰的课程脉络，通过理论支撑，更好地关注幼儿艺术学习特点，借鉴了国内外优秀的课程理念，通过专家的指导，从过去自主学习转变到深度学习，不仅关注活动深度性、材料的探究性，同时重视家长、社区，乃至社会的协调整合，不止局限于幼儿园课程资源的开发，而是形成一个生态式的链接，从生态的视角审视幼儿园课程，让幼儿的学习走向更加整合、更为生态的课程路径，最终推进幼儿园课程的发展。

第三节　课程建设与家园工作的共同进步

教育家苏霍姆林斯基说："没有家庭教育的学校教育和没有学校教育的家庭教育都不可能完成培养人的这一极其细微而复杂的任务。"

家园合作一直都是幼儿园的常规工作，家长会、家长半日活动、家长进课堂等，都是家园合作常态化、程序化的形式。这些合作在促进幼儿成长、提升家长育儿观念、促进幼儿园发展中的效果并不是特别理想。那么，什么是合作？如何提升合作？家园合作又该是怎样的优化方式呢？

我们带着这些问题，以"优化家园合作"为主旨，借助共同体为载体，构建了"家园共同体"，目的是营造互动、沟通、协调、一致的家园和谐关系，形成同向、同步的教育合力，共同促进幼儿的学习品质、行为习惯等诸方面的健康发展。

一、明晰家园共同体的理念与内涵

家园共同体以促进孩子发展为共同目标，是由家长、教师、幼儿园组成的不断在建构中的群体，三方通过多元平台互动增进感情，分享各自的教育经验与智慧，最终向着理想化的教育进程迈进。

我们期望借助"家园共同体"向家长和教师们传递一个温馨的家的感觉，期待家长和教师们在这个"家"中彼此信任、尊重、平等、理解、包容、合作、依赖，共同参与孩子的教育，为孩子的发展做出自己的努力，实现家庭与幼儿园之间的良性互动及家庭与幼儿园教育效果的最大化。

我们更多的是从一种教育实践的视角，立足于家园共同体的具体实践层面进行构建；我们更强调一种悉心建构的过程，力图让实际存在的自然形态的家园共同体向着真正的共同体迈进。

从将孩子送到幼儿园的那一刻起，客观上每个家庭之间、每个家庭和幼儿园之间就已经成为一个整体，一个自然的家园共同体，无论双方是否承认或认可。虽然家园双方都有共同的需求——更好地推进孩子在原有水平上富有个性地发展，但在教育观念、方法及具体的策略上，还存在很大的分歧。此时的家园共同体成员之间没有积淀持久的情感，没有归属感、凝聚力，相互之间缺乏信任、尊重、平等、理解、包容、合作的特质。

我们期望从孩子入园到毕业离园的这几年间，家园共同体成员通过各种方式的对话，逐渐能够相互尊重、相互理解、相互包容、相互接纳，进而和谐发展。家园共同体成员在观念上的和谐共存、教育方式上的相互包容、行为上的和谐相处，最终将使孩子在原有水平上得到富有个性的发展。

家园共同体强调人员构成的动态性、异质性。由于幼儿园每年都有新生入园、老生毕业，客观上就形成了家长成员的不断变化。同时由于共同体成员的文化背景、家庭背景、职业背景等各不相同，这也就形成了他们的异质性。

家园共同体强调共同体成员的高参与性和持续的互动性。我们期望家园共同体的所有成员都持久地参与到孩子教育的互动中。互动的目的是达到互动各方的双赢或多赢。互动的过程是一个彼此平等地倾诉和分享自己对事物、事件、孩子发展的看法的过程；互动始终以参加者的想法为基础，每个人都超越了自我有限的教育经验，实现了自我的充分发展；互动的每一方既是倾诉者，也是倾听者，通过分享、倾听、吸纳、质疑、碰撞，促进互动双方对某一问题丰富、深入的理解，因此共同体成员都享受着建构的过程。

二、梳理家园共同体的途径形式

（一）家园共议类

1. 家长学校

家庭教育是教育系统工程的重要组成部分，家庭是人生入世的第一学校，家长是幼儿的第一任老师。因而，家长需转变固有的观念，树立正确的家庭教育观念、儿童观、教育观，使家庭真正成为家园共育的重要阵地，使园内外形成科学育儿的良好氛围。因此，我园成立了家长学校，定期开展各种形式的会议，邀请家长代表参与活动，了解家长们对幼儿园工作的感受和体会，使幼儿园和家长建立紧密联系。

同时建立线上家长学校，定期推送各种经验类文章、通知、学习活动、话题讨论会等等。家园共育，关键在"共"，宗旨在"育"。通过家长学校活动，家长深刻意识到构建和谐家庭的重要性，对如何教育孩子、培养孩子有了新的认识与思考，有效增强家长学习的主动性，密切家园联系，更好地促进家园共育工作。

2. 家委会

"家长委员会是广大家长的代表，也是家长与幼儿园之间的桥梁，还是社会与幼儿园之间的桥梁。"为了更好地提高幼儿园的管理水平，增强管理的透明度，我们要充分发挥家长的监督作用。

陈鹤琴："幼儿教育是一种很复杂的事情，不是家庭一方面可以单独胜任的，也不是幼儿园一方面能单独胜任的，必须要两方面共同合作，方能得到充分的功效。"

家庭是塑造孩子健康人格的第一环境，如果说学校教育是"阳光"，那么家庭教育则是那丰沃的"土壤"。

2018年11月16日，我园召开主题为"凝心聚力，用爱交流"的家长委员会会议。30个班级的家委代表参加了此次会议，每位家委成员怀着一颗"一切为了孩子"的心走到了一起。

一首节奏欢快的律动曲，让家委和老师们在一起摆动的热烈氛围中，开启了此次会议。会议中，傅园长向各位家委汇报了幼儿园园所概况、师资建设、园本教研、特色课程、示范辐射等内容，并重点讲解了本学期幼儿的各项活动。副园长也向家委们介绍了幼儿园后勤工作，包括幼儿园食堂、安保工作中的各项举措及取得的成果。保健医生分别就幼儿园膳食管理概况、食谱制定原则及近期膳食情况向家委们进行了说明。在听取了多方介绍之后，家委们高度肯定了幼儿园的工作和取得的成绩。随后，幼儿园向每位家委成员颁发聘书，并现场推选出家委会主任、副主任，希望家委们成为家园联系沟通的桥梁和纽带。

家委们在园领导的带领下参观了幼儿园的工作坊，欣赏了孩子们的作品，同时实地了解了食堂的操作流程与管理制度等。参观过程中，家委们和园领导进行交流，并且给出了诚恳的建议。

3. 家长会

为了进一步在家园共同体中让家长明确教育目标，转变其儿童观，同时具有正确的教育观，幼儿园每学期都会召开家长会。会上各班级教师和家长可以"亲密接触"，互通有无。同时在家长会的召开形式上不断完善，将固有"一言堂"的会议创新为家长互动参与、体验及家长做育儿经验分享的全新模式。

孩子无论是在家还是在幼儿园，安全都是第一位的，身体的健康是一切的根本，所以我们对家长进行了幼儿安全的培训。首先，由老师来介绍一些幼儿多发病及磕碰伤的危害，如小儿急性喉炎，鼻出血，烧烫伤，口腔、气管、鼻腔、耳道异物处理等。接下来就由家长根据自己的经验来介绍发生问题后应该如何解决。最后，再由老师总结正确的解决方法。家长们的热情极其高涨，纷纷发言介绍自己遇到问题时的解决方法。如说到"小儿急性喉炎"时，洋洋的姥姥就向我们讲述了孩子在患急性喉炎时的症状及解决方法："这种病多发生在晚上，洋洋第一次得病的时候就是在晚上。当时他的症状就是咳嗽，咳嗽的声音有点像小狗的叫声。一开始妈妈没有太在意，但后来他说自己憋得慌，喘不过气来，妈妈就有点担心了，连夜把他送到了医院。大夫检查后说是急性喉炎，幸好及时送到了医院，否则孩子喘不过气来会很危险的！大夫给他打了一针，很快就好了。回头想想那天晚上的事仍非常后怕，以后他再犯这个病的时候我就有经验了。"其他家长听了洋洋姥姥的讲述之后自发性地展开了讨论，最后老师又给家长总结出了正确的处理方法及预防措施。

家长们对此次培训的评价很高，都说这个培训很重要，以前都不知道这些疾病或者意外伤害的危险性，在遇到这些情况时也不知道正确的解决方法。通过这个培训，家长在以后遇到这些情况时就能够做到心中有数、不慌不乱，能够在第一时间用最正确的方法进行处理，这样就能够减少或避免不良后果的发生。

为了增进家园联系，帮助孩子尽快熟悉幼儿园，适应集体生活，喜欢上幼儿园，同时引导家长树立正确的教育理念，了解我园的教育教学工作目标及孩子在园的一日生活基本情况，更好地配合教师做好各项班级管理工作，我园每年还会开展特有的新生家长会，为新生及家长答疑解惑，为幼儿顺利入园做好一切准备。

园长通过对园所环境、办园理念、特色课程及丰富多彩的活动的分享，全方位介绍了幼儿园的基本情况，使家长们对幼儿园有了更深入的了解。

入园前宝宝的"必修课"，入园焦虑怎么破？

首先，园长对幼儿入园分离焦虑的种种表现进行了细致的分析，帮助家长了解孩子在入园前和入园初期的心理状态，并强调会用正面积极的心态去迎接孩子入园，加强与孩子的沟通交流，让孩子爱上幼儿园，对等待入园的过程充满期待。

入园准备怎么做？

园长梳理了小班幼儿适应幼儿园生活的策略，并从情感准备、能力习惯准备、物品准备、人际关系的确立、安全工作的配合等方面全方位地介绍了入园前家长们和孩子们所必需的准备工作。

幼儿园的一日生活怎么样？

园长出示了幼儿园的一日生活作息表，明确了幼儿园一日生活的环节，并对各个环节的内容和意义及幼儿园课程做了深入的讲解。

另外，园长还从接送孩子的注意事项、卫生保健、家园合作等方面与家长进行近距离的沟通。

在这秋风微凉的日子，我们共赴这一场爱的相遇。这场相遇，关乎教师，关乎家长，更关乎孩子的成长。我们的共同愿望是，在家园间搭起一座桥梁，为每一个孩子的健康快乐保驾护航。

（二）亲子活动类

1. 早教进社区

家园、社区工作是幼儿园教育的重要组成部分，是做好幼儿园教育的基础保证。新《纲要》指出："家庭、社区是幼儿园重要的合作伙伴，应本着尊重、平等、合作的原则，争取全社会的理解，支持和主动参与，并积极支持，有利于帮助提高教育能力。"如今，无论是家庭活动、社区活动还是幼儿园本身的社会性活动，都可使幼儿从教育中获得的益处持续得更久。家长、教师、社会的群众为促进幼儿的发展，相互交流经验，取长补短，共同探讨教学方法已成为需要。"家庭、校园、社区一体化"指导思想不仅是幼儿园的办园特色，更是我们幼儿园工作的重中之重。

为更好地搭建幼儿教育的桥梁，让社区的家长们在与孩子的互动中增进情感交流，进一步促进 0—3 岁幼儿的健康成长，2020 年 11 月 24 日，我园开展了"24—36 个月"宝宝专场社区服务活动。

许是为了迎接小弟弟小妹妹的到来，久雨的秋天在这一天露出了灿烂的微笑，太阳照耀下的"城堡"特别温暖可人，可爱的娃娃们在爸爸妈妈的陪伴下走进"悦"美校园。

长廊上、阅览室里，亲密的交谈声、琅琅的讲故事声、发自肺腑的欢笑声交织在一起。亲子共同走进多彩的童话世界，爸爸妈妈和宝宝们共同感受了陪伴阅读的乐趣。

老师们为孩子们精心准备了有趣的手工制作活动"长颈鹿的帽子"，爸爸妈妈一起体验了长颈鹿小尖帽的制作，在剪剪贴贴中，体验感受了巧手制作的乐趣。

最后，本次活动在一部亲子小电影中结束了。孩子们拿着积分卡领取了幼儿园老师们为他们准备的小礼物。

2. 研学活动

著名学前教育家陈鹤琴先生说："大自然是我们的知识宝库，大社会是我们的生活宝库，是我们的活教材。"作为教师，作为家长，我们应珍视幼儿童年生活的独特经验，充分开发利用农村资源，积极开展与之相适应的地方特色活动，让幼儿在与周围环境的互动中获得发展，将活动扎根于现实的"土壤"。

秋天是收获的季节，果实是秋天对大自然的馈赠，我们记住收获的喜悦，感恩大自然。在这个收获的季节，孩子们也来到了金灿灿的稻田，看着一片一片的金黄色，不由地张开双臂，拥抱和煦的风，拥抱和暖的阳光，拥抱收获的秋天。感受收获的同时，同样关注到了付出。得到庇护的我们，感恩于身边默默付出的劳动者。在秋天里的研学活动中，我们认识了镰刀，认识了犁，学习了割稻草、扎稻草人……

孩子们切身体会了"汗滴禾下土"，顺手抓起一把，抬起头来看着新鲜打出来的稻粒，是不是自豪感爆棚呢？只要你愿意，整片土地都可以被你承包！

不过真正操作起来还是有点小紧张的，瞧，孩子们一手拿着镰刀，一手抓着稻谷的样子，认真的人儿最美丽！

宝贝们拿来了脱谷后的稻穗合作扎稻草人，看他们多么认真、专注！稻梗就地取材，连旅行时用的遮阳帽也成了他们创意的一部分。稻草人也分男女，你能分辨出来吗？猜一猜哪个稻草人得分最高呢？

大家收获满满，都拿着沉甸甸的稻谷，农民伯伯手把手地教大家怎样用机器脱谷。原来脱谷是用机器的，一种是手摇，一种是脚踩。哎！原来我们的小手是这么能干！看着一粒粒稻谷从风箱里"哗啦啦"地出来，孩子们大呼"神奇"。

这个热热闹闹的"秋收活动"，让孩子们走进了自然，在生活中学习，在劳动中体验。他们不仅体验了田园生活，收获了快乐，而且把平凡的稻田变成了快乐的学习园。

3. 陪伴阅读

孩子是家庭的希望，是祖国的栋梁！让书籍成为孩子终生的伙伴，这是老师、家长送给孩子一生最珍贵的礼物。最是书香能致远，阅读之乐乐无穷！让读书成为我们的一种生活方式，让我们和孩子一起，以书为友，用最静心的阅读，来填实比天空更广阔的心灵。亲子共读，是一种学习手段，也是一种生活方式。通过这种方式，家长教会孩子如何热爱生活、享受生活。亲子共读，又是一种美丽的休闲。孩子的成长其实也是一本书，多一点心思，多一点投入，有收获的其实不仅是孩子。研究证明，如果家庭具有浓厚的阅读文化和阅读习惯，父母能带领子女从小开始进行亲子阅读，子女长大后便会对阅读产生浓厚的兴趣。

为了让"亲子共读"在每个家庭生根、发芽、开花、结果，我园的每一届孩子都会从启动仪式开启阅读之旅。

一张张"阅读家庭"爱心卡片的签署，拉开了阅读活动的序幕。在这美丽的季节，我们撒下阅读的小种子，许下了一个阅读的小愿望。暖暖的阳光下，映衬着孩子们灿烂的笑脸，爽朗的笑声环绕着美丽的城堡。欢乐的气氛中，邵老师代表幼儿园向每个班赠送了10

本绘本，给班级老师分发阅读活动倡议书，同时为阅读小使者授予阅读成长积分册，以此鼓励孩子们和爸爸妈妈养成 21 天阅读和记录心得的好习惯。

老师们为孩子们带来精彩生动的绘本剧表演，将启动仪式推向了高潮。瞧，化身呆萌可爱的小企鹅的老师们，用温暖治愈系的故事，启迪着孩子们不断地结交新朋友，认识新事物、探索新世界，不断地收获亲情、友情。阅读小使者为活动派发阅读成长手册，向家长宣传阅读活动，宣誓自己的决心。

阅读的小船，已经起航，亲爱的家长朋友们，让我们用自己的阅读热情来感染孩子，放下手机，带他们进入书的海洋里，一起畅游，共同成长！其间，还会以月为单位开展各种形式的活动。

11 月的"城堡"，四处飘散着书的清香，为期四周的亲子陪伴阅读活动浓情开启。爸爸妈妈的大手牵着孩子们的小手走进幼儿园的大门，徜徉在书的小世界里：孩子们翻开书的每一页，聚精会神地看、仔细地观察；爸爸妈妈们细心地陪伴，聆听和记录孩子们的童言稚语，就让我们一起通过照片来感受每一个温馨幸福的瞬间吧！

4. 家长开放日活动

为让家长更好地了解孩子在幼儿园的学习生活情况，帮助家长不断获取新的教育理念，增进幼儿园、教师、家长之间的联系与沟通，每学期的家长半日开放活动是我园与家长们既传统又重要的沟通方式，深受家长朋友们欢迎。

4 月 25 日，我园开展了家长半日开放活动，邀请家长们走进幼儿园，零距离地感受孩子的成长。

伴随晨检的第一缕阳光，小朋友们清脆的一声"早上好"，开始了幼儿园新的一天。

一日之计在于晨，趣味的户外自主游戏活动开始啦！瞧！每一个游戏中，孩子们都不怕困难、勇于挑战，他们时而钻，时而跳，时而跑，时而爬，玩得不亦乐乎。只见操场上一个个快乐的身影在跳跃，一张张灿烂的笑脸在绽放！孩子们真正做起了晨间运动的小主人！

随后，孩子们便开启了美味的点心时间，洗手排队，每一个环节都是那么井然有序，那是因为我们长大了！爸爸妈妈们看到了吗？

整齐的队伍，矫健的步伐，伴随着动感的音乐，孩子们的早操活动正在有条不紊地进行中。他们的动作刚劲有力，他们的队形变化熟练自如，他们精神抖擞，充满自信，充分展示了积极向上的精神风貌。家长们纷纷拿起相机记录下这精彩的瞬间。

三年来，家长们一直最期待的还是集体教学活动！"宝贝们是怎么学习本领的呢？""我的孩子注意力集中吗？""他在课堂上敢大胆发言吗？"……家长们一连串的担心在课堂中得到了满意的答案——老师们精心选择的教学内容、设计巧妙的教学环节、生动有趣的体验游戏和灵活多变的教学形式让家长放下心来。家长们还与孩子一起进工作坊感受了一把，孩子在工坊里自主地、尽情地进行游戏，变成了一个个小设计师、小裁缝，很有范儿，还会带领着家长一起制作。孩子们在玩中学、学中玩，积极探索、勇于表达。老师激励的话语、赞赏的目光和家长们热烈的掌声让孩子们更加大胆自信。

5. 家长助教活动

为了让家长真实地体验到当老师的感觉，我们设计了"我来当老师"系列活动。"客座教师"活动，邀请家长走进课堂，像教师一样组织一次集体教育活动；"讲故事"活动，让家长在餐前活动时轮流给孩子们讲故事；"阳光父教"活动，让爸爸们走进户外体育游戏中，向孩子们传递阳光和勇敢的性格；等等。在这些活动中，家长们扮演的是老师的角色，他们在组织孩子活动时，能够亲身感受到做一名优秀的幼儿教师所需要的不仅仅是爱心，还要有良好的专业技能和修养。因而，家长对老师也多了一份理解和尊重。

（三）经验分享类

1. 育儿交流

家庭教育是孩子成长的第一课堂，其独特性是其他教育所不能代替的。为更好地形成家园共育合力，给家长创设一个沟通育儿经验的平台，让各位家长用更科学的方法教育孩子，我园通过定期开展育儿经验征集活动，在线展示家长育儿经验文章，线上交流育儿经验等形式优化家长教育。

2. 专家讲座

为了解决家长的困惑，也为了传播先进的家庭教育理念，使家长掌握更多的育儿知识和方法，提高家庭教育水平，我园定期开展专家讲座活动。

我园特别邀请幼教界的"男神"——浙江师范大学杭州幼儿师范学院吕耀坚教授做专题讲座。美工坊与孩子的故事，且听吕教授娓娓道来。"男神"以做豆腐流程图作比，引发了家长们的思考，妙！"什么是工匠精神？学习品质包括哪些？工坊活动可以培养哪些学习品质？"吕教授用一个个鲜活的例子，以生动的方式跟家长朋友们进行了诠释。家长们真正该关注的是幼儿怎么学，而不是在幼儿园学什么，工坊活动养成的学习品质如何迁移到班级中，再到家庭社会中，最终实现家园共育。为什么称其为"男神"，因为他总能在诙谐幽默的互动中，将正确的育儿理念传递给大家。短暂而充实的半日，留给家长一份难忘的回味。我们一直在努力，为实现家园的零距离，为孩子的成长可见，未来可期……

幼儿园特邀中科院老科学家科普演讲团进校园为家长们开设科学讲堂。特邀嘉宾郭耕，全国科普先进工作者、全国未成年人生态道德教育先进个人、有突出贡献科普作家、北京市政协常委、中国环境文化促进会理事、中国科普作家协会常务理事，曾获"地球奖"及北京十大杰出青年等称号。著作有《世界猿猴一览》《灭绝动物挽歌》《鸟语唐诗300首》《鸟兽物语》《兽殇》《中国博物馆探游——麋鹿苑》《生态文明与绿色行动》《猿猴那些事》《故事中的科学 动物篇》《心系鸟兽》《鸟瞰》等。

讲座从"生态、生命、生活"三部分内容入手，平易近人而又睿智风趣的科学家郭耕老师讲述精彩，有诗有科学，将知识通过晓之以理、动之以情、导之以行的方式娓娓道来，既讲且演。

讲座中郭老师原创"动物联合国大会"独角戏吸引了家长们的眼球。他现场模拟狼、青蛙、蛇、猫头鹰、大猩猩等动物发音，模仿各种动物的语气，细数人类伤害动物、打破生态平衡的行为，让大家在生动的游戏中体味了人类对自然的破坏，并反思其中。

三、建构家园共同体的实施策略

（一）搭建多元平台，共商园务发展

幼儿园的发展离不开家长的支持，家长们从不同的视角审视幼儿园的教育和管理，往往能够发现他人未曾发现或熟视无睹的问题。建构多样且高效的家园沟通渠道既有利于教师不断反思自己的工作，也有利于培养家长的主人翁意识，促进幼儿园更好地发展。

1. 网络平台

幼儿园开辟了绿色网络交流通道，保证家长能随时随地与园长、老师进行沟通交流，让沟通变得更加便捷高效。例如，我园网站上设有园长信箱、教育论坛、班级论坛等栏目，开设了微信公众号平台，教师们还创建了园级家委会QQ群和微信群，另外，每个班级也都建立了本班QQ群和微信群。网站的建立为家园联系打开了另一扇窗，家长们在这一交流模式下更加主动和轻松，家园

沟通也更有效率和价值。

2. 现场平台

我园开辟了"家园面对面"现场交流通道，让不擅长网络技术的祖辈家长也能够近距离地与园长接触，表达自己的想法。例如，有的家长发现户外游戏场地中有一组器械临近花坛，存在安全隐患，就跟老师提议将该组材料与另一组对换。教师们在查看了现场后，认为家长说得非常有道理，就马上进行了调整。又如，家长在参与游戏组织时，发现游戏"各种各样的糖"很吸引幼儿的注意力，孩子们在积极想办法打开不同的包装后都非常有成就感，但这些糖果的包装袋却没有地方丢。于是，家长建议老师在场地上放置一个垃圾桶，方便幼儿扔垃圾，该想法得到了老师的积极肯定。家长的建议能得到快速回应和采纳，有效地提高了家长参与幼儿园管理的积极性。

（二）优化管理机制，稳步推进建设

1. 策划商讨活动

凡是幼儿园举办的大型活动，我们都会提交园级家委会进行商讨，请大家一起参与活动方案的制定，共同组织实施。例如，在一年一度的"我爱我的祖国"系列活动中，家委会成员们积极参与活动策划，认真组织工作，使得活动圆满完成。

2. 监管幼儿伙食

饮食安全与营养是家长们最为关心的问题。对此，我园主动邀请不同层面的家长共同监管幼儿伙食。同时，我们主动公开粮、油、肉等食品的采购渠道，让家长们共同监督；每天的蔬菜检测报告也可随时查看，让家长们对幼儿园的食品安全放心。另外，家长们在伙委会上积极和保健老师一起讨论伙食安排，保证每周都有一例新菜推出。

3. 评估课程效果

根据不同家庭的优势和特点，我们主动邀请家长参与到幼儿园的课程评估中来，如孩子的自理能力、社会性发展等。同时，我们将家长的评估与教师充分沟通，作为研讨的一个过程，共同商讨解决方法和今后的发展方向，把评价结果作为发展的一个新起点。

（三）分享教育观念，助推幼儿成长

1. 让家长参与教师的教研

请家长和教师一起教研，既能提高家长的育儿水平，又能让家长了解幼儿教育，体验到教师的辛苦。家长们在参加教研活动后，都无不感慨："原来教育孩子还有这么多的学问啊！"通过"好玩吗""跨班了吗""探究了吗"等问题，引导教师和家长深入观察和剖析孩子的游戏行为。家长们在教研中看到了教师是怎样研究孩子和教学的，对教师的钦佩与赞赏之情也油然而生。

2. 家长互相分享教育经验

家长们在育儿过程中经常会碰到一些困惑和难题，如果教师直接给家长提供答案，则很难引起家长的认同。于是，我们借鉴园本教研中的参与式培训模式，引导家长针对共性问题进行研讨，通过家长互助和教师引领，让他们自己领悟教育的真谛。例如，有的家长认为："老师要我们帮助孩子做活动前的准备工作，我觉得太麻烦了，完全没有必要。"有的大班家长认为："孩子就要上小学了，幼儿园是不是可以教点拼音？"

针对这些观念性问题，我们决定采取沙龙、教研等形式，让家长们进行互动交流和观点碰撞，通过教研来转变自己的教育观念。还有的小班家长特别关心孩子生活习惯的培养，如"孩子不喜欢吃青菜怎么办""孩子的要求得不到满足就胡搅蛮缠怎么办""孩子总是坐不住怎么办"等。我们在活动前就有意识地将有经验和有困惑的家长分到一组，让他们相互启发，共同梳理出一些可行的策略和方法。

四、梳理家园共同体的成效与反思

幼儿园作为专业的教育机构，有责任探寻家长工作的有效模式，唤起家长的主体意识，引导他们树立正确的育儿观。建构家园共同体，增进家园双方彼此间的了解，积淀了各自的情感，增强了家园间的归属感和凝聚力。同时，共同体成员在幼儿园搭建的平台上，进行深度交流、碰撞和合作，使幼儿教育更加丰富和多元，并形成良性循环，最终实现幼儿健康、幸福成长。

（一）幼儿：真实感受快乐，增进亲子感情

家长参与幼儿园、班级活动时，孩子是第一受益人。在家长参与幼儿园活动时，他们的自我展示都会激励孩子变得更加自信；当其看到自己的家长在

六一和元旦的联欢舞台上翩翩起舞时，看到爸爸妈妈像老师一样给全班小朋友讲故事、表演情景剧时，那份自豪感不经意间流露出来，慢慢地那份骄傲和自豪洋溢在孩子的脸颊，自信心便油然而生了。

（二）家长：教育观念转变，育儿知识提升

在家园共同体构建中，家长们愈来愈认识到孩子的教育需要幼儿园、家庭和社会的共同努力，他们主动参与幼儿园教育的意识和行为大大增强。在参与了幼儿园各种丰富多彩的大型活动后，家长加深了对幼儿园、幼儿园活动及教师的认识和理解；在定期的家长学校讲座、家长会的互动中逐步转变了原有的育儿观，育儿知识、应对策略也逐步丰富了。家长发生了从个体到整体，从被动到主动，从旁观到参与的改变。

（三）教师：专业能力完善，向专业化迈进

在构建家园共同体的过程中，教师渴望解决如何使每位家长都参与到孩子的教育中来，如何让家长参与到幼儿园的课程建设中来，如何高效地与家长沟通，如何让家长成为真正的合作伙伴，而不是被动、单向、不愉快地接受教师的教导，等等，这些都能推进教师的专业水平不断提升。实践证明，我们的教师正在逐步向专家型教师迈进。

（四）幼儿园：收获肯定和赞赏，社会口碑逐步提高

通过对家长的引导和带动，幼儿园得到了家长的好评。在各种活动意见反馈中，家长们这样表示：在幼儿园的活动中学习了先进的育儿理念，丰富了教育孩子的方法与策略，在参与的过程中重温了童年的乐趣，拉近了与孩子的距离。如果有第二个孩子一定还让她在这所幼儿园学习生活。家长教育行为观念上的转变加上他们越来越多的家教经验积累，使得我们的家园合作在突显特色的同时向家园合作共同体积极迈进。家长和老师、家长和班级、家长和幼儿园不再是模糊的活动圈，而是紧紧相连的共同体。这不仅仅体现了教育《纲要》的思想内涵，也是我们教育的本质所在。

第四节　"生态玩美"课程下园所的整体发展

经过多年的不懈努力，我园取得了优秀的成绩和丰富的研究成果，充分展现了我园特色形象，提升了教师整体教育能力和教学素质，同时也保证了我园

幼儿的全面健康发展。

从"萧山区首届幼儿园阅美校园"到"玩中学项目实验园",从"萧山区特色品牌创建重点幼儿园"到"杭州市合格教科室",再到"国家教育行政学院萧山基地",这些项目从倾向实践层面上升到"理论＋实践指导"的系统化层面,成了萧山区园本化课程实践园,我园的特色课程"生态"玩美"课程"被评为萧山区精品课程。十三年来,我园的"美好教育"理念取得各级领导、专家教授、教师同仁们的高度赞扬,在品牌创建、课程改革等方面均收获了颇多荣誉,共计收获各级荣誉29项,其中省级及以上荣誉4项,市级荣誉3项,区级荣誉22项,这些荣誉不仅是上级领导对我园教育理念的肯定,更是对我园全体教师的激励和鞭策。历年来,我园幼儿在各项比赛中共计获奖一千余次,有80多名幼儿获得全国性比赛金奖、特等奖等荣誉,体现出我园幼儿积极阳光、童心童真的风采。此外,我园共有10名教师获得"杭州市优秀教师""浙江省教育科研先进个人"等省市级荣誉称号,20名教师获得"萧山区教育系统先进个人""萧山区中小幼、中职教坛新秀"等区级荣誉称号,充分展现了我园教师的优秀教学素质和水平。在教科研上,我园形成了成熟的教师梯队,完善传帮带机制和教师学习发展路径,教师队伍的科研能力逐年提高。各类教科研成果在省、市、区屡获嘉奖合计200余次,在各类幼儿教育的核心期刊发表论文数十篇。

PART 2

下 篇

"玩美"
课程 的美好教育样态

打结很重要

——培养幼儿解决问题的学习品质

观察时间: 2020 年 9 月 17 日 　　观察对象: A、B、C 幼儿
地点: 布艺坊

【观察背景】

　　新学期孩子们升入大班,布艺坊的缝制间也正式向大家开放了。面对针、线,大部分孩子都很新奇,跃跃欲试。其中有几个能干的孩子上学期已学会穿针、打结,而这几个孩子在游戏中起到很好的带头作用,同伴间的相互学习作用远远超越了教师的指导,同时也培养了他们解决问题的能力。基于此,我做了以下的观察。

【观察目的】

　　1.观察孩子在接触新事物时的表现。当遇到问题时,观察孩子们是如何解决的。

　　2.通过持续观察,了解孩子们解决问题的能力水平,随时把握好教师的定位。

【观察策略】

　　1.持续追踪、定点观察: 在一定的时间内,持续定点跟踪观察一位或几位幼儿在游戏中的表现。

　　2.学会等待、适当放手: 当幼儿在游戏中遇到问题时,教师要学会等待,不要冲在最前,有时适当的放手是很有必要的,会有意想不到的惊喜出现。

　　3.幼儿主体、支持引导: 在游戏中,教师应时刻记住要以幼儿为主体,让幼儿自主探索,寻找解决问题的方法,教师应把握好自己的角色,支持幼儿游戏。

【 观察描述 】

20分钟后，镜头里出现这么一幕：A幼儿张着小嘴，直勾勾地盯着旁边在打结的B幼儿，他的表情非常有趣，就像是他自己在打结一样。当线头没钻过圈圈时，他的眉头皱得比B幼儿还要紧；当线头顺利钻过形成一个结时，他整个脸都笑开了。B幼儿开始缝制了，他才慢条斯理地把头转回来，突然又发现另一边的C幼儿也在打结，眼神不自主地就被吸引了过去。看着C幼儿正把线头钻向圈圈时，他整个人都紧张起来了，双手紧紧地拽着桌布。看着同伴顺利地完成了打结，他才松了口气，不情不愿地转过头来看着自己的线头，呼了一口气开始尝试打结。只见他小心翼翼地将线围成一小圈，拿着线头往里钻，慢慢地圈圈开始变小了，他的眉头开始皱起来了，脸越靠越近了，线头就是过不去，他深深地叹了口气，第一次尝试失败了。

调整了一下座椅进行再次尝试，试了1分钟都没有成功，突然他皱着的眉头松开了，他把线头一甩，拿起针就开始缝。一戳一拉，线跑了出来；再来，这次他拉线速度变慢了，小心翼翼地拉着，一不留神，线又拉出来了；第三次尝试，他不仅速度变慢了，还会时不时地看看后面的线头，差不多了开始缝第二针，一拉，线又出来。他开始泄气了，我正想上前，B幼儿也发现了："A幼儿，你怎么不打结就缝了？"A幼儿委屈地说道："打结太难了，我不会。""我来帮你吧，看着……你也试试。"B幼儿把线塞到他手里，坚定地看着他说道："加油，你一定行的。"A幼儿鼓起勇气再次尝试，在同伴手把手地帮助与鼓励下，他成功了。B幼儿再次把线塞到他手里道："A幼儿，你自己试试吧，加油。"A幼儿点点头，自信满满地开始尝试，虽然时间花得多了点，但是最后成功了，脸上绽开了笑容。

【 观察分析 】

打结是有一定难度的，但是又必不可少。A幼儿在自己探索尝试后，从内心深处认识到了打结的重要性。在此过程中，他内心经历了复杂的变化，从刚开始的观望到尝试再到放弃再到帮着尝试，最后到自己尝试成功，他有想过自己解决问题，虽没有成功，但思维方式改变了，有了自我解决问题的意识，开始独立自主，不再事事求助老师了。而且在此过程中，他得到了同伴的帮助和鼓励，坚持到底完成了，获得了成就感。同时他也深刻地认识到了打结的重要性，不需要老师碎碎念地告诉大家"一定要打结，打结很重要"。相信经过这次，A幼儿不会再不打结就缝了，这种通过实践获得发自内心的认识远比老师苦口婆心地说教来得更有用，更直接。在缝制游戏中，幼儿之间互相学习、取长补短，平时一些活泼好动、调皮淘气的幼儿在游戏时也变得神情专注、一丝不苟了。

【观察解读】

要及时跟幼儿进行交流，清楚地了解幼儿心里的想法，学会分析并尊重幼儿的想法，这样既体现自主性，又能让幼儿有信心、有决心坚持到底，完成自己的作品。而且能让幼儿在此期间，自主地学会制作方法、技巧，为之后独立完成作品奠定基础。

【收获与反思】

给予幼儿充分的时间，自己探索问题，并通过自己的方法解决问题。充分发挥同伴间的榜样作用，孩子间的言语、方法更能为孩子接受。教师要学会等待，做好引领，在游戏后及时给予肯定，请能干的孩子来做小老师，带动其他幼儿一起行动。在此过程中，还培养了幼儿解决问题的能力。

幼儿以自己的眼光去看世界，去感受、体验，他们发现了这个世界的精彩奇妙、绚丽无比，感受到了人间情暖、万物生灵的和平共处，了解了真、善、美的意境，逐步用客观的眼光、美好的心态、积极的情感去发现、对话、独白。他们在活动中，积累了观察的经验、合作的经验、表达的经验，各种能力获得了提高。这种能力的诱发，为幼儿多元智能的开启、个性的充分展现提供了机会。这样幼儿才能真正学会学习、学会独立，开启智慧之窗。

好吃的荷包蛋
——图形变变乐

观察时间：2020年10月15日　　观察对象：恬恬
地点：布艺坊

【观察背景】

缘起：订单来啦！

自从布艺坊里有了交易站，孩子们进坊的第一件事情，就是看看有没有客人来订单。今天，恬恬发现交易台上有订单，她兴奋地叫起来："有新订单来啦！"

打开订单后，孩子们看到了一个荷包蛋的图形和一个数字 10，恬恬说："客人是想要 10 个荷包蛋吗？"

"应该就是 10 个荷包蛋，是中九班小朋友想要的。"铭铭看着订单说。

"这么多荷包蛋，谁想和我一起做呀？"恬恬问道。

"我想！""我也想！"几个小朋友都想要做。

分析解读：

兴趣是最好的老师，而情景性环境的创设是最能调动儿童活动的兴趣的，能让他们以轻松愉快的状态投入到后续创作中。

【观察目的】

幼儿是否能自主设计、制作作品。

【观察策略】

培养孩子学会思考并解决问题的能力。

【观察描述及分析解读】

◉ 镜头一：

孩子们明确自己的目标之后，各自开始"工作"。

恬恬："荷包蛋该怎么做呢？"

老师："平时你吃的荷包蛋是什么样子的呢？"

恬恬回忆了妈妈之前做的荷包蛋，又去智能机上查看了一些有关荷包蛋的图片，她发现荷包蛋的蛋黄是圆圆的，四周是有白白的蛋清包围着的。

分析解读：

在恬恬遇到问题时我没有直接告诉她答案，而是用引导性的语言提醒她如何设计荷包蛋，引导她观察环境中有关荷包蛋的图片，培养孩子学会思考并解决问题的能力。

◉ 镜头二：

恬恬先来到了设计间，娴熟地找到了设计稿及设计荷包蛋要用到的圆形模具、彩笔等，很快一个荷包蛋就出现在了设计稿上。完成后，她还认真地在她的设计稿"完成设计"一栏上打上了"√"，还教了旁边的小朋友这一环节。

紧接着她开始整理设计间使用过的设计材料。之后来到了打样间，她首先拿了一个盘子，将要用到的粉饼、剪刀、圆形模具、白色和黄色的不织布等放到了盘子里，开始打样。很快她将一大一小两个圆形用粉饼给拓印了下来，然后用剪刀沿着记号将一个"蛋黄"、一个"蛋白"剪了下来。这时候她似乎觉察到刚刚漏拿了一个粘贴工具，于是立马找到了固体胶，可是怎么也粘贴不上。

老师："恬恬，怎么没有粘上呀？"

恬恬："我也不知道。"

老师："找找原因，只有这样才能够解决问题哦。"

恬恬看了下手上的"蛋黄"和"蛋白"，说："老师，我知道了，我用双面胶粘贴试试。"于是她很快将"蛋黄"和"蛋白"粘贴了起来，完成了一个看上去很好吃的"荷包蛋"。

虽然第一次粘贴是失败的，但是恬恬并没有气馁，立马想到更换粘贴工具的办法，完成了荷包蛋的制作。

分析解读：

我观察到恬恬第一次粘贴荷包蛋用的是固体胶，知道这样是不牢固的，但是我并没有告诉她要怎么做，而是让她自己去体验失败，并引导其从失败中查找原因。对于学习来讲，失败并不是坏事，失败是为了更大的成功。

【收获与反思】

兴趣是最好的老师，而情景性环境的创设是最能调动儿童活动的兴趣的，能让他们以轻松愉快的状态投入到后续创作中。在幼儿遇到问题时，教师可用引导性的语言提醒他们如何设计，引导幼儿观察环境中有关的照片，培养孩子学会思考并解决问题的能力。当幼儿遇到困难时，教师可让幼儿自己去体验失败，并引导其从失败中查找原因。对于学习来讲，失败并不是坏事，失败是为了更大的成功。

剪不断的三角形　刨不好的卷笔刀
——记录幼儿解决问题能力的案例

观察时间: 2020 年 10 月 29 日　　　观察对象: 小爱、辰辰
地点: 布艺坊打样间

【观察背景】

　　中班幼儿接触布艺坊已经有一个学期，孩子们知道了布艺坊的操作流程，知道在设计时可以用一些图形的模板来辅助设计，知道在打样间可以在布上以拼接剪贴的方法来做出设计图的样板。但是我们观察发现，很多孩子在设计的时候可以画出形象的事物，一旦转换到布艺上，总会遇到大小形状如何匹配及如何顺利地裁剪等问题；当对辅助工具的使用感到困惑时，有些孩子选择沉默或者避开这个工具或者缩减这个程序，有的孩子因为打样间的问题暂缓了他们在布艺坊的第二道工序。对于以上问题，我做了以下的观察与指导。

【观察目的】

　　1.观察小朋友在布艺活动中对流程的熟悉度，以及能否用巧妙的办法解决遇到的问题。

　　2.通过定点追踪的观察方法，了解幼儿在工坊活动的困惑，用策略跟进指导，助推幼儿的再一次成长。

【观察策略】

　　1.自为媒介，有效评价

　　（1）在工坊活动中，教师合理地对幼儿施加一定的影响或干预，即指导，是活动实施计划得以实现的关键环节。教师可以作为幼儿在活动受阻时的助推者，让幼儿去观察发现设计稿的画法，延伸到将不织布作为一张平面的纸，以滑粉作为画笔，跃然于"布艺纸"上，进行下一步的裁剪粘贴技能操作。

　　（2）在后续的活动评价环节，教师也可以将一些个案作为幼儿每一次技能提升的切入点，以视频呈现、幼儿访谈、幼儿经验分享的方式去解决幼儿在当前工坊活动中的疑难问题，为下一次的活动做经验铺垫。

2. 捕捉发现，以物代物

（1）有效利用布艺坊问题墙，让幼儿参与问题的提出和解决，并形成思维导图，为幼儿今后设计打样提供养料；有效利用观看幼儿实际操作活动和视频，通过发现问题，引导幼儿去学习布艺打样制作的技能，充实幼儿的经验知识库。

（2）对于设计稿到实际的打样操作，很多幼儿都会遇到"头脑会了，手不会"的现实问题，可以让幼儿进行"穿梭发现"的尝试，用一些形似于设计稿部分的物品作为裁剪的定量物。

3. 材料支持，拓宽思路

中班幼儿接触布艺坊已经有一学期了，在初创阶段、问题阶段、完善阶段三个阶段中，他们还处于问题阶段，教师要作为有效的洞察者，收集记录幼儿的问题，根据幼儿在不同工坊活动的阶段相对应地提供层次类的材料，联动坊内的材料活用，也可联动其他坊进行材料的共享和合理使用。

4. 活化工具，步骤呈现

教师要有效利用"前期经验"铺垫及"后期评价"环节，除了在评价幼儿或者主题下活动的实施，更要注重积累幼儿在用辅助工具时的问题发现，可以用辅助工具的使用方法指导幼儿，并将步骤图鲜明地呈现在幼儿可以看见的位置。

5. 问题追溯，导向提升

有效利用工坊活动的过渡环节，搜集幼儿在使用辅助工具中出现的问题，以问题行进为呈现方式，借用视频，提出导向性问题，引导幼儿发现。教师辅助以图文方式进行记录呈现，巩固幼儿的经验总结。

6. 推广使用，巩固技能

幼儿在接受新事物时，教师除了要让幼儿了解并知道新事物的使用步骤或具体的辅助功能，更要在一日生活中频繁推广不同的新事物，提高幼儿接受和使用新事物的能力。

【观察描述】

◉ 镜头一：

今天设计的是妈妈的花裙子。在前期的经验铺垫之后，我们进入了布艺坊。从孩子们的表现来看，有了每周的操作练习，现在的他们对布艺坊的流程已经非常熟悉。孩子们拿着所需的彩色笔在设计间进行简单的设计，在设计好之后，拿着稿子来到打样间。

　　小爱的举动引起了我的注意，她在碎布区选，选了两种颜色打开来看了一下，重新塞了回去，又回到了自己的位置上，张望了一下同桌的几位小朋友，在右边的灵灵手里拿过紫色的布，凑巧跟设计稿上一个三角形形状很像（设计稿整体形状是三角形）。于是她剪了下来，对比了一下自己的设计稿，又拿了剪刀把三角形的顶部尖角部分剪下，她想剪三角形的底部，发现剪不断，便用力地操作剪刀，但是因为小肌肉的力量还不足，要剪一条长边还是有点困难的。反复尝试了几次，她不知所措地看着布，剪了顶部一个小角，放到一边，转头一看，拿起同桌诺诺的碎布剪了起来，剪了几次，还是没能顺利地裁剪下来，就这样到活动结束，还是没有进展。

　　分析与解读：

　　经验迁移，设计思路清晰：在设计间设计时，小爱同学的创作思路及实际的构图，可以说方向是很明了的，设计稿也是切合主题，有自己的想法，知道要给妈妈设计什么颜色、什么版型和花色的裙子。

　　版式打样，裁剪思路受阻：从设计到打样，虽然孩子知道自己要设计一个什么样的裙子，但是在制作时，遇到了瓶颈，不知道该怎么去裁剪，表现得不够自信，反复地去找形状匹配的布，她设计的稿子和实际动手操作不能完全匹配。

　　◉ 镜头二：

　　今天设计的是蚂蚁王国。因为是动物乐园的最后一周，孩子们对蚂蚁的外形特征已经非常熟悉，这也是我们本月第7次进入工坊，有了前两个月对工坊的熟悉，孩子们操作的时候也相对来说成熟了很多。汪辰是比较内向的孩子，他拿了画板夹和纸，选择了彩色铅笔。发现彩色铅笔的笔尖没有了，于是拿了手动卷笔刀，一开始怎么都塞不进去，他用力地塞，但是因为孔上的两个小耳朵没有按着，因此塞得没有到位。他以为塞进去了，就开始用手转转轮，拔出来的时候其实是没有完全露

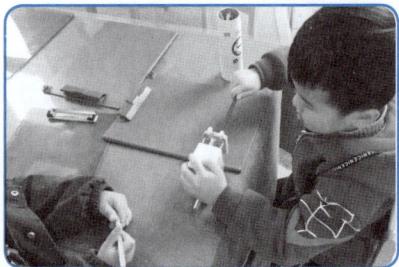

出笔芯的，他没有继续刨，而是把卷笔刀伸出来的部分用力敲进去，试了几次还是没有办法让这部分塞回去，就这样只能拿着卷笔刀看着别人。

分析与解读：

计划明确，工具使用受阻：幼儿在进入坊的时候计划还是很明确的，首先他使用的工具是彩色铅笔，他也知道了笔芯没有的时候要用卷笔刀，也很认真地使用卷笔刀削笔，只是他不知道使用卷笔刀的方法。幼儿的性格内向，经过反复的尝试，虽然有一定的专注力，但是主动寻求帮助的意识还不够明显。

工具操作流程渗透不深：虽然在工坊活动中，有效地运用辅助性的工具有着"画龙点睛"的作用，但是很多时候孩子们的操作是直观的，不会借用辅助性工具，一方面是因为孩子的思维简单，在接触新事物的时候，单纯地只会用传统型的材料，此类材料也往往是孩子能熟练运用的；这也是因为在操作的时候孩子不会像成人的思维一样会去"讨巧"，会用一些辅助工具去助推自己的活动活动。

【收获与反思】

1.基于儿童，分析反思：后中班时期的幼儿思维开始具体化，动手能力也有了不同程度的提升。有了中班第一学期的工坊活动经验，在操作的时候，孩子们表现出有一定的兴趣，特别是女孩子，在布艺设计上，对美的追求还是会显现在打样间，会努力地去把打样的作品和设计的作品相匹配，但实际的操作过程和遇到的问题会阻碍孩子的进一步活动。他们愿意在教师的策略指导中，获取前一次活动的经验，为下一次活动遇到类似问题给予经验的支持。

2.有效介入，适时评价：在活动中，也许幼儿主导的学习经验能更好地促进他们的学习，那是因为他们通过自己的探索和经验积累获得了知识和技能。而另外一些时候或对于另一些学习内容来说，幼儿在教师主导的学习经验中能学习得更好，那是因为在专门创设的环境中，教师能够有效地传递信息并亲自示范技能。

3.自我反思，勤于准备：有准备的教学意味着教师的教学行为指向具体的结果或目标，以促进幼儿的发展与学习。在有准备的教学中，我们会思考哪种学习经验对哪一领域知识的学习最有效，并且考虑如何进一步优化学习。

我的表情书

——记录幼儿持续性学习品质培养的案例

观察时间: 2020 年 12 月 14 日　　　　观察对象: 小宇

地点: 布艺坊打样间

【观察背景】

近期我们的布艺主题是表情书,在活动中发现幼儿在设计表情脸谱时,内容丰富,脸型多样,表情各异,色彩亮丽,而且有些表情脸谱设计复杂,非常有个性。但是在打样时,幼儿就遇到困难了,有些设计过于复杂,打不好样了。幼儿开始出现焦急的情绪,甚至一度出现了想就这样放弃了,不要再做了的情况。基于上述情况,我做了以下的观察与指导。

【观察目的】

1.观察小宇对布艺活动是否感兴趣,以及能否坚持完成作品。

2.通过跟踪观察,了解幼儿游戏的持续性,以及幼儿获得成功之后的进步。

【观察策略】

1."鼓励式"策略:以同伴及教师的鼓励来调动幼儿的积极性,重拾信心。

2."尊重式"策略:充分尊重幼儿的意愿,用心去了解幼儿的想法。

3."正面引导式"策略:给予幼儿积极的指导和建议,以便拉近教师与幼儿之间的关系,有利于教师对幼儿的教育。

【观察描述】

今天的主题是制作表情书。孩子兴致勃勃地进入设计间,拿起画板勾画自己的作品。大约 15 分钟后,孩子们陆陆续续拿着自己的作品来到打样间选材料,开始动手制作。

又过了 10 分钟,小宇也拿着自己的作品来选材了,他一边看设计稿,一边寻找自己需要的材料,嘴巴里还念念有词:"是这个颜色的布吧!"再拿起布来跟设计稿比照一下。当他开始制作时,有孩子已经完成一半了。他先在布上画上作品的脸型,剪下,然后制作作品的眼睛、鼻子。当他做作品的嘴巴时,有孩子完成了，他开始着急了，皱着眉看着自己的设计稿说："我做不了了！为什么我要设计这么多牙齿呀，还是各种颜色的！"旁边的小鹏安慰他道："我也还没做完呢，不急，慢慢做，我陪你。"听到好友的话语，小宇的眉头松开了，点点头说："嗯嗯，我们一起加油吧！"又过了几分钟，又有一半的孩子完成了，这下可把小宇急坏了，他开始有点小抱怨："怎么办呀，我真的做不好了，都怪我自己设计得这么难。"可他手上的活还是不紧不慢地进行着，于是我上前轻轻对他说："小宇，不急，你看你的作品设计多有个性呀，比其他小朋友都要难，所以时间肯定是要花得更多。慢慢做，今天完不成，我们下次继续做呗！老师相信你一定能完成的！"

一周后的星期五，我们再次来到布艺坊，继续制作上次的主题表情书，小宇这次很兴奋了，大步流星地走进设计间，开始大展身手，半小时后大作完成啦！他的作品让人眼前一亮，更具特点，更有个性。光背景就有三种颜色，还有一顶小丑帽、多层次的眼睛。看着他拿着作品来到打样间，开始选布、打样，信心十足。这次他的表现很出色，没有任何的抱怨，一直沉浸于其中，一副非常享受的样子。

【解读与分析】

一、给予鼓励

从观察中，我们可以看出小宇对布艺活动、对此次的主题都是很感兴趣的，对设计有着独特的兴趣和见解，但在制作打样时，因为设计元素过于丰富、复杂，使打样的难度大大增加，受外部环境的影响，遇到了一些挫折，产生了不良情绪。这时教师应给予幼儿积极的指导和鼓励，避免这种情绪一直困扰他，让他有挫败感，对布艺活动失去兴趣，甚至产生厌恶感。

二、放慢脚步

在两次活动中，我们可以看出小宇是一个很有创意的小朋友。对于这种小朋友，我们需要好好地保护他的创造力，使其不因一些外力的影响，降低自我要求。同时也不要给幼儿太多的限制，要告诉幼儿允许他放慢脚步，只要一步一个脚印，踏踏实实地去做，就会越来越能干。

三、耐心等待

要让幼儿知道自己的优势，学会保持自己的长处，弥补自己的短处。在此期间，教师要及时给予肯定、给予鼓励，肯定他的优点，鼓励他坚持完成，从而培养幼儿坚持到底的品质。同时教师要学会放手，不要有过多的干预，发现幼儿在游戏过程中存在的问题，应等待，有耐心，不要急于包办，要学会肯定幼儿解决问题的办法，学会分享幼儿的聪明才智，充分发挥幼儿的主动性。

四、尊重个体

应以幼儿"最近发展区"为依据，从幼儿的现有水平出发，切实关注幼儿的需要，以发展的眼光关注幼儿的即时需要，抓住有利于幼儿发展的教育契机，努力使幼儿的学习与需要、兴趣一致，与幼儿的发展要求一致。要善于把握幼儿最想学的"一刹那"，幼儿喜欢什么就教什么，以保持他们旺盛的求知欲。

【收获与反思】

一、要学会分析与尊重

要及时跟幼儿进行交流，清楚地了解他们心里的想法，学会分析并尊重他们的想法，这样既体现幼儿的自主性，又能让幼儿有信心、有决心坚持到底，完成自己的作品。幼儿在此期间，自主地学会制作方法、技巧，为之后独立完成作品奠定基础。

二、要给予适时的鼓励

教师要善于了解幼儿的学习能力和发展需要，并给予适当的鼓励，以激发幼儿的学习动机，增强幼儿的信心。当幼儿遇到挫折时，教师可以通过鼓励式的语言，激励幼儿把游戏行为继续进行下去或走向深入。

三、要有计划地观察

教师通过有目的的观察，发现幼儿行为表现的意义，了解幼儿的现有发展水平和可能达到的发展水平，在这个基础上给予适当适时的鼓励、指导，挑战他们的潜能，超越其最近发展区而达到可能的发展水平。只有教师深入观察、客观评价并提供适当的支持，才能更好地促进幼儿的发展。

正如《指南》中指出，当观察个别幼儿的游戏时，应着重了解幼儿的个体差异和学习特点，不要过多干涉幼儿的游戏，让幼儿做游戏的主人。大多数时候，教师只需要扮演幕后角色，关注和鼓励幼儿进行游戏就是最好的支持。让幼儿自主游戏，在游戏中学习，克服挫折，坚持到底，从而培养幼儿持续性的学习品质。

我们不想去了
——认识图标的重要性

观察时间：2020年5月26日　　　　观察对象：阳阳、安安、晨晨

地点：布艺坊

【观察背景】

　　布艺坊是孩子们最喜欢去的地方，每每提到布艺坊，孩子们都会兴奋不已。但最近，我听到有个别孩子说不愿去布艺坊。面对这种情况，我叫了几位小朋友进行聊天，让他们聊聊在园最喜欢与最不喜欢去的地方，并说说理由。从中听到了有个别孩子不愿去布艺坊，因为有时候会不知道下一步该做什么，对于各个区间不是很了解，有些害怕去布艺坊……

【观察目的】

　　1.观察孩子对布艺活动是否感兴趣，以及能否快速找到区间。

　　2.通过设置图标，便于幼儿制作作品，提高幼儿解决问题的能力。

【观察策略】

　　1.幼儿对布艺坊工作流程、操作步骤不熟悉，每周可以增加幼儿去布艺坊的次数，从而让幼儿熟悉布艺坊的流程与操作步骤。

　　2.我们可以制作各个区间的过程性图标，放置于幼儿能观察到的地方，倘若幼儿忘记流程了，便可以从图标上了解自己下一步该去哪里，以及需要的材料在哪个位置。

　　3.幼儿完成作品后，需要将自己的那块"小地盘"清理干净，将没用完的边角料放回边角料区，并根据不织布的色系进行分类，边角料区的各个色系盒子上面也需要贴上对应的图标，这样方便幼儿整理。

　　4.通过制定一系列图标，幼儿对布艺坊的规则也有所了解，并能有序地遵

守，幼儿在布艺坊的活动更加井然有序了。

【观察描述】

工坊时间到了，孩子们陆陆续续地进入工坊。有的幼儿进入了布艺坊的设计间，有的幼儿进入了打样间，还有的幼儿进入了缝制间，孩子们纷纷开始忙碌起来了。突然，我发现有3名幼儿一直站在门口，不知所措，我走过去问其原因，阳阳回答："我找不到设计间在哪里！"安安说："我忘记自己的作品上次放哪里了！"晨晨说："我不清楚缝制的步骤是怎样的了！"听了他们的回答，我不解地问："昨天我们还来过布艺坊呢，你们想一想我们昨天做了些什么，是在哪里完成的，具体又放哪里了！"他们惭愧地低下了头，没有作声。接着，我带领他们来到了各自的区间，并将每个区间的流程又详细地讲述给他们听，希望通过此次的提醒能带给他们深刻印象。最后，他们终于找到了各自的区间与作品。

【解读与分析】

从这则案例可以看出，幼儿对布艺坊工作流程、操作步骤不熟悉，遇困难易退缩。为了改善幼儿对布艺坊各区间流程的熟悉情况，可以制作各区间的过程性图标来帮助幼儿区分布艺坊的活动场地，提示材料投放位置，设置活动操作步骤，以及明确布艺工作坊活动规则。

【收获与反思】

通过设置各个区间的图标，孩子们进入工作坊后各个环节的操作比以往方便多了。由于幼儿之间的个体差异，有些孩子去了几次布艺坊后，对布艺坊的流程熟能生巧；而有些孩子去了多次后，还是有点"丈二和尚摸不着头脑"。因此，在布艺坊的各个区间设置图标后，不但提高了孩子解决问题的能力，而且还培养了他们观察和思考的习惯。在平时的活动中，只有我们充分认识到幼儿在活动中的主体地位，让幼儿在活动中充分发挥自主性，才能使每个幼儿健康、快乐、富有个性地成长。

走进布艺坊
——特别的书包

观察时间: 2020 年 5 月 12 日   观察对象: 楠楠

地点: 布艺坊

【观察背景】

本月我们的主题是"走进小学",进入小学会有很多的书本、笔等学习用品,就会需要用书包来装。所以我们就定制了一次制作书包的活动,让幼儿进入布艺坊去设计自己理想的书包。

【观察目的】

观察幼儿在整个设计、打样、制作书包的活动中是否能够专心并独立完成。

【观察策略】

在楠楠整个设计与打样过程中,我只是作为一个旁观者,虽然他会遇到困难,但是如果他不向我求助,我是不会去打扰他的,因为他可能是在想办法解决。

【观察描述】

今天我们进入到工作坊让幼儿制作书包,大家正在认真地设计。最吸引我的是楠楠小朋友,他正认真地在设计自己心目中的书包。我走近一看,发现他的设计稿非常复杂,便轻轻地提醒了他一下,告诉他设计过于复杂的话打样缝制时就会有很大的困难。他朝我看了下,对我说:"张老师,我就喜欢这样的书包。上个星期天和妈妈一起去买书包,根本就没有我喜欢的书包,今天我要设计一个我最最喜欢的书包送给自己。"看到他这么认真,我也就不去打断他了,今天的楠楠看起来和平时来布艺坊的时候完全两样,一心一意,非常专注于自己的作品,其他的小朋友就好像是被他给隔离了,这样的楠楠非常吸引我。只见他设计完书包,拿着设计稿进入打样间,一样一样地找着他需要的材料,直到所有的材料都找齐才坐到位置上去进行打样。楠楠的小眼睛一会儿看一下设计稿，一会儿用手测量下大小然后再画再剪。在平时，楠楠如果设计得稍微有点复杂，就会不耐烦地来和我说"老师，我这里不剪；老师，我这里不想弄了"，令我惊讶的是今天的楠楠一点也没有向我求助，全程就是自己专心地在打样，就算遇到困难了他也只是挠挠头，然后笑一下又继续做了。楠楠的努力没有白费，虽然设计得有点复杂，但最终完成了，还完成得非常好。期待他进入缝制间，希望他能把这份认真、专注一起延续下去。

【解读与分析】

楠楠是个比较外向的男孩，在平常，他的专注力最多只能维持10分钟，之后就会不耐烦。但是今天他碰到了自己感兴趣的事，就完全忽视了身边的人和事，只沉浸在自己的世界里，只想把他最喜欢的书包设计出来。今天的他在布艺坊中的专注力非常高，所以说兴趣是培养孩子专注力最好的老师。丹尼尔·戈尔在一本名叫《专注》的书里写道，专注力对我们每个人都十分重要，我们很多关键能力都建立在专注力的基础上。希望楠楠能一直这样认真下去。

【收获与反思】

在此次活动中，楠楠非常专心，他不再像之前一样来到布艺坊就开始坐不住，因为今天有让他感兴趣的东西。在楠楠的身上，我看到了之前我们老师一味地把主题定好让幼儿去操作的弊端，孩子们不一定感兴趣，只能不情愿地做，以后我们可以让幼儿一起参与定主题，他们自己定的主题自己肯定很感兴趣，进行活动的时候积极性也会更高。

发现自己的世界

——中班美工区

观察时间：2020 年 6 月 2 日　　　观察对象：晴晴

地点：美工区

【观察背景】

从小班到中班，幼儿一直很依赖教师。

【观察目的】

凡是幼儿自己能够做的，应当让他自己做；凡是幼儿自己能够想的，应当让他自己想，教师要"鼓励幼儿去发现他自己的世界"。

【观察策略】

运用了逸事记录法、观察法。

【观察描述】

孩子开始画设计稿，她先在上面画了一个正方形，之后小眼睛偷偷地看老师，与老师的眼神对上时赶紧看向旁边。偷瞄几次后，她深吸一口气，犹犹豫豫地站了起来，走过来问："老师，我在我的机器人上画上一个键盘好吗？"老师说："好的啊，想一想你最想要有什么本领的机器人。""我不会画……"回去后她画了几笔，又犹犹豫豫地来问了两三次才把机器人画好，之后又拿着设计稿问老师好不好看。得到老师的肯定和夸奖后，她才来到打样间开始挑选布料，拿工具……

【解读与分析】

在平时制作东西时都会来询问，缺乏自信与自我肯定，持续性不够，手腕的小肌肉群发展较弱，还需要多练习。

缺乏自信的原因可能和以下有关：家长的溺爱，大大削弱孩子对环境的适应能力和自信心，剥夺了孩子锻炼的机会，造成孩子娇气，依赖性较强，当孩子遇到困难后就手足无措，做事情缺乏决断性，不能独立完成一件事情。

【收获与反思】

家庭教育措施：改变以往的做事方法，杜绝包办代替现象，只给予适当的帮助和指导。

幼儿园教育措施：（1）孩子之间的个体差异要区别对待。教师不要用一名幼儿的短处去和另一名幼儿的长处作比较，应该对孩子的态度和行为作横向比较，不要打击他们的自信心。（2）应给予孩子语言和眼神上的鼓励，在孩子遇到困难时给予鼓励和建议，让他自己去思考，去处理。平时可根据幼儿的兴趣、需求和能力发展水平分类别、有层次、动态化地让幼儿参与制作，培养自信。

美工区趣事
——春天的花

观察时间：2020年4月5日　　　观察对象：乐乐
地点：美工区

【观察背景】

孩子们对美工区的流程已经较为了解，能够根据主题设计合适的设计稿，在该区域的整体状态都是比较认真安静的。本次活动的主题是"春天的花"。

【观察目的】

观察幼儿的学习方法与解决问题的能力。

【观察策略】

情境创设、师幼互动、同伴互动。

【 观察描述及分析解读 】

◎ 镜头一：

乐乐来到美工区以后，开始穿"工作服"，到设计间开始设计，设计时中途用手托腮思考了四次。

画好底衬和花心，思考一次以后，添加了椭圆形的花瓣。

画好花瓣以后，再思考一次，添加了花茎和叶子。

画好一朵花，乐乐用手在设计稿上比画了一下以后，再次思考，在花朵旁又画了两朵花。

画好设计稿，乐乐来到了打样间，观察布的颜色以后，回到设计间开始涂色。

分析解读：

乐乐是接受能力较强的幼儿，在设计的时候，会进行思考。从先观察布的颜色再决定涂色从这个过程中可以看出，乐乐做事有了初步的逻辑性。

◎ 镜头二：

在打样间，乐乐先拿着设计稿，对比着用托盘找到了自己需要的不同颜色的布，找一个位置坐下以后，用粉笔进行勾勒打样。但是，在打样过程中，乐乐一直用手比对设计稿上的图案和大小，用粉笔在布上画了一遍又一遍，直到结束，打样都没有完成。

分析解读：

从打样的不断对比、不断修改可以看出乐乐细致的学习方式，但不断的修改容易让人失去耐心，也会造成不必要的时间浪费。因此，在这方面可以允许一些误差。设计稿和作品大致一致就可以了。

◎ 镜头三：

再次来到美工区，乐乐较为熟练地进行打样。这次的打样没有像上次一样不停地对比，不停地重画，使用剪刀也是较熟练的，速度较快。他很快就将需要用的布剪好了。

乐乐开始找工具，由于白胶数量有限，乐乐找来水晶胶，尝试了两支以后，便来找我寻求帮助，我提示可以试试别的工具。于是，乐乐想到了双面胶。5分钟后，乐乐和对面的可儿商量着一起使用白胶了。

分析解读：

在小肌肉发展方面，乐乐的发展较好，剪布没有花较多时间。在使用工具上，乐乐也是自己尝试了方法以后，才开始向老师求助。使用双面胶较为复杂，乐乐的交往能力较好，与同伴商量轮流使用有限的白胶工具。

📷 **镜头四：**

乐乐在使用白胶的过程中，出现了一个动作——在底板上挤好白胶以后，将花瓣用手按在花心上，用嘴不停地吹干白胶，吹了一会儿以后，会尝试用手揭一揭，确定粘贴住了才会继续贴下一块。

分析解读：

幼儿自己形成了一定的意识，上次的粘贴过程中虽然粘贴了，但是因为没有保持吹干，竖向拿起的时候，出现了布块滑下的情况。这次为了粘贴得更牢固，乐乐就有了以上做法。幼儿的经验是在操作中获得的。

【收获与反思】

"布"真好玩，幼儿在操作的过程中，不仅体现着艺术方面的审美、配色，还体现出社会领域的交往沟通、科学领域的对比等能力，在区域活动中发展了幼儿的综合能力，并且在无形中培养了幼儿良好的学习品质，等等。

象山水月

——如何掌握布艺制作技能

观察时间：2020 年 6 月 9 日　　　　观察对象：——
地点：美工区

【观察背景】

布是幼儿熟悉的物品，从身上穿的、戴的、用的，到装饰品，处处有布的踪迹，它与幼儿的生活息息相关，是幼儿日常生活中熟悉的物品，蕴藏着丰富的教育可能性，可以为幼儿提供的探索的机会。从幼儿的发展出发，让幼儿掌握布艺制作及创作的基本技能，可培养幼儿耐心、细致的良好个性品质，提高幼儿的审美情趣和能力。基于上述情况，观察幼儿在活动中的表现。

【观察目的】

教育的基本任务是让孩子在适宜的环境中得到自然的发展，教师的职责在于为孩子提供适宜的环境。

【观察策略】

实况详录法、取样观察法。

【观察描述及分析解读】

🔘 镜头一：

一一每次在美工区的设计稿都画得较精细。打样时，等到一一慢吞吞地找全自己需要的材料，已经到了活动结束的时间了。要开始整理了，于是，一一飞快地将托盘内还没用过的材料放回盒子中，安心将布料按照不同的花色与颜色分类放在相应的盒子中，当遇到盒子推不进时，会一只手扶住盒子，一只手向空荡角落推动，让盒子顺利推进。

分析解读：

尊重幼儿兴趣与需要，创设互动环节。一一学习兴趣多样、绘画能力好，能够较好地处理细节。

🔘 镜头二：

再次去美工区时，一一会再次去设计间设计。老师提醒说可以做上次的设计稿时，一一犹豫地来到打样间，还时不时在打样间发呆或找朋友聊天，老师多次提醒后，她才慢慢地开始制作。

分析解读：

有创造的多发性能力，但不愿意制作，可能有以下几点原因：

1. 可能手腕的小肌肉群发展较弱，对裁剪的动作不熟练，这在平时的活动中可以加强练习。

2. 材料的吸引性、多样性不够，对她的吸引力不大。

【收获与反思】

1. 分析幼儿

从幼儿自身找原因：美工区活动以幼儿为主体，将幼儿的良好习惯与行为用照片拍下，评价环节在集体中进行表扬。利用其他的活动来锻炼幼儿的小肌肉发展，在持续性上面也需要多加练习。她是一位很活泼的小女孩，喜欢蹦蹦跳跳，不喜欢安静；在操作区练习时，她扣几下扣子，如果扣不上，撒手就转到其他的区域活动。

2.家庭环境的影响

经过电话、网络的沟通得知——从小是奶奶带大的，在家里很乖巧，奶奶照顾得细致入微，大小事情，奶奶一手包办。。晚上的个人清洗工作，早上穿衣清洗都是奶奶一手代劳。长辈包办代替太多，走进了爱的误区，剥夺了孩子动手的权利。

3.家园牵手、解决问题

邀请——的妈妈来园，经过深入交流分析，家长表示，一定配合幼儿园的教育，凡是孩子自己能够做的，应当让她自己做，凡是孩子自己能够想的，应当让她自己去想，教师和家长鼓励孩子去发现她自己的世界，让孩子在探索、实践中感知五彩的生活，在集体生活中健康全面发展。

"严是爱，松是害，不管不教要变坏！"这句流传久远的话充满哲理。本应由孩子做的事父母、长辈做了，看似爱，实是害。现在的孩子们衣来伸手，饭来张口，这种现象就是父母、长辈过度宠爱结出的果子。让孩子在实践中磨炼，在挫折中成长，看似难为孩子，实际是为了锻炼孩子！因为只有这样，他们才能学会生活！

创意 DIY，石头乐趣多

观察时间：2020 年 6 月 2 日　　　　观察对象：名名
地点：石艺坊

【观察背景】

石艺工作坊以石头为主要材料，让幼儿通过设计、制作等操作流程，利用辅助材料进行创作。在今天的石艺坊活动中，部分孩子是依据之前未完成的活动进行下一步的延续，部分幼儿则是重新进行新的活动内容。

【观察目的】

石玩体现的是孩子的兴趣和自主游戏的过程，所以我们将工作坊的工作分为四个区块——快乐的洗刷区、自主选材区、小小设计室、创意制作间，在这四个区域中体现幼儿自主完成石头制作的全过程。中班的孩子能够在老师的指导下参观石艺坊，欣赏哥哥姐姐们制作的石艺作品。在石艺坊培养孩子自主游戏的兴趣时，要寻找与幼儿生活经验、能力、需要相关的契合点，这样有助于他们对多种事物保持良好的专注力。

【观察策略】

幼儿在工坊中活动时，能大胆运用各种材料进行活动，但也有一部分幼儿在出现材料不适宜的情况时就不知所措。这就需要我们老师及时地肯定与引导，为幼儿提供新的创造力。

【观察描述】

早上，石艺坊开放的时间到了，孩子们来到选石区。他们先在位置上坐下来，然后开始画设计稿。名名画好设计稿后开始选取石头。只见她从木桶里拿取原石并仔细观察，选了一块看一下又放回去了，继续在木桶里找。许久，她找到了适合的石头，便拿着石头和设计稿，找了一个位置坐下来。接着她开始用勾线笔在石头上按照设计稿的样子勾线。

3分钟后，名名开始选颜料。这时她看到其他小朋友还没有画好，于是她对边上的小朋友说："你的有点点像毛毛虫，你画的是什么？""我画的是火车呀！""看，我的有点像热带鱼。""我想用这个做一只帆船。"只有垚垚一直很认真地在设计他的作品。

又2分钟过去了，名名已经选好了颜料并取了刷子和调色盘，接着她拎起身边的小桶走到位置上坐下来，把自己桶里的颜料放到桌子上，开始在石头上作画。她开始拧颜料瓶盖，拧了很久，就是拧不开。于是她对垚垚说："垚垚你可以帮我拧一下吗？"垚垚说："可以呀。"可是他拧了一会儿后发现也拧不开，便说："太紧了吧，小孩子拧不开的，我们要找大人。"名名想到了金老师，于是她走到教师工作台向老师寻求帮助。

问题解决后，名名开始照着设计稿的样子在石头上作画。只见她用刷子沾了颜料就想在石头上画画，但是正要下笔画的时候，她皱了一下眉头，把沾好颜料的画笔重新放进水桶里清洗干净，然后又选了一只小笔，继续沾上颜料并开始涂色。在涂色的过程中，她的左手食指和大拇指一直在调整着姿势，因为颜料随时有可能沾到手上。画着画着，她拿起来看了一下，"哎呀"一声，她手一滑，石头从半空中掉了下来。万幸的是正面朝上，她自言自语地说："还好没有掉到地上，不然就不好了。"接着她去取风扇，开始扇她的作品。只见她的两只眼睛紧紧地盯着作品，并不时停下来观察它干了没有。"什么时候才干呀？"她自言自语说。"你是不是颜料涂得太多了？要少一点才好。"对面的萱萱说。只见名名小心翼翼地用手指碰一下作品上的颜料，又观察她自己的手指，没有发现颜料的痕迹，就这样她开始大胆地将大拇指按了上去……10分钟过去了，她的脸上终于露出了笑容，"垚垚，你看你看，我的小鱼漂亮吧！"

【 解读与分析 】

在这次活动中，孩子们都体验到了石头画创作的乐趣，由于提供的材料使幼儿很感兴趣，大家的绘画兴致很高。初次尝试在石头上创作，幼儿的绘画作品效果还不错。由于材料摆放的位置不合理，造成了幼儿操作的不便。这个问题出现源于我在课前准备活动时没有考虑周到，没能以孩子的角度去看待材料的摆放。以前我的观念是上好一节课指的就是在你组织的时候，孩子们能够按照你的思路走，能够较好地达到你预定的目标。实则不然，一次好的活动，除了活动中老师的指导要到位，能够让幼儿在轻松、自由的环境下达到预定的目标外，老师课前的准备活动也是十分重要的。这里所说的准备既包括知识方面的准备，也包括老师对材料的摆放是否符合幼儿的实际需要，是否便于幼儿操作，等等。

【收获与反思】

刚开始的引入过于简单，并且在后面介绍制作方法，特别是石头画时颜料不能沾太多这个重点没能与孩子交代清楚，导致后面孩子们在操作的时候出现了一系列的问题。我想作为一名幼儿教师，除了有较好的组织能力外，还应具备较好的口语表达能力。今后，除了提高自身的业务素质外，关键的就是要找到一条正确的与幼儿交谈、交流的"路"，让孩子能够"听"得懂我所要表达的意思，打破孩子与我之间的那堵墙。

老师，我成功啦！
——大班幼儿坚持性学习品质观察案例解析

观察时间： 2020 年 6 月 9 日　　**观察对象：** 男男
地点： 石艺坊

【观察背景】

孩子们在进行了一段时间的参观、观摩、尝试操作后，对石艺坊中的材料和流程有了一些了解。那么为了了解孩子们在观摩的基础上，到底掌握了多少石艺坊的内容，我们就需要进行一次石艺坊的整体体验。基于此种情况，我做了一些观察。

【观察目的】

观察幼儿在石艺坊中游戏的情况，以及对整个石艺活动的坚持性。

【观察策略】

以跟踪式观察的方法，记录一名幼儿在完成一个作品时出现的情况，同时教师做好观察记录，给予不同的引导方法。

【观察描述】

进入工作坊后，男男有序地套上倒穿衣，然后自觉地走到凡凡后面说："来，我帮你弄，等下你帮我弄。""好的。"两个小朋友在相互帮助下穿好了倒穿衣。男男来到托盘区，拿了一个托盘后走到选石区中，开始从前往后边走边看，然后又从后往前走了一遍。他摸摸自己的脑袋开始蹲下来，拿起来这块看一下又放下，拿起来那块又放下，就这样重复了很多次后，他选择了一块较大的圆形石头。然后他拿着石头进入设计间进行设计，画了一个有大大脑袋的小男孩。

进入工坊后，男男走到半成品区，拿了自己的设计稿和石头进入了操作间，然后走到颜料中找了好久说："怎么没有肉色呢，那怎么办啊？""肉色没有的，但是上次我们在涂鸦区玩的时候，老师教过我，红加白就可以变成肉色了。"一旁选颜料的瑶瑶说着，还顺手给了他红颜料和白颜料。男男拿起红颜料，挖了大大的一勺，然后又挖了大大的一勺白颜料后，拿起画笔开始进行搅拌，发现颜色还是比较红，又挖了一大勺白色的，继续搅拌还是没有调出肉色，再继续加白，就这样重复了好几次后，终于成功了。他开始在石头上进行涂色。等他把脸涂好后，还有很多很多的颜料在调色盘中。

进入操作间后，男男拿起上次涂的石头摸了摸后，到材料间取了一块纸板和一瓶蓝色颜料开始进行刷色。他不停地在颜料和纸板间穿梭着，还时不时地在纸板上点几下。我走过去问："男男，为什么一直在纸板上点来点去的啊？""老师，你看，有些地方怎么也刷不上去，只有这样点才可以。""那会不会是画笔渴了，给它喝点水好不好？"他看了看我后，将笔在水桶里晃了几圈，然后继续在纸板上刷："现在真的好刷了耶，可是太湿了。哦，我知道了，要让它干一点，这样就好了。"他一边说一边将笔在水桶边上抹两下，然后继续刷色。

在这次活动结束之后，男男将自己刷好的底板和石头放在石艺坊中晾干，等待着下一次进入石艺坊继续操作。

几天后，石艺活动再一次开始了，男男拿到了之前已经干了的底板，在底板一角上添加了一个太阳和一些白云。他发现上次做的小人本来手是用吸管做的，但是已经掉落了。于是他重新取了白乳胶进行再次固定，然后来到材料间选了一块翠绿的不织布，重

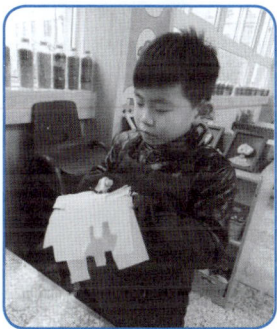

叠剪了两条腿后，将腿用白乳胶进行了固定。然后他拿着底板和石头来到胶枪区，将人物进行固定。完成后，他跟我说："老师，我完成了。"我看了看后说："宝贝，你这个小朋友做得很漂亮，但是他比较孤单啊。"他看了看后，拿着作品来到操作间，选了黄色的轻泥搓成圆片放在底板上，然后又选了红色的轻泥搓成圆片贴在黄圆片周围，做成小花，接着继续用轻泥制作了一些其他物品出来。

【解读与分析】

1.熟悉流程，完成操作

这是我们第一次真正进入工作坊，在前期一次次的参观、熟悉工坊材料的基础上，幼儿对工作坊已经产生了浓厚的兴趣，能够相互帮助进行操作。虽然在操作过程中，我们能发现孩子对工坊活动还是比较陌生，这从选石的过程中可以看出，部分孩子显得犹豫紧张，有些会不知所措，但是从整个石艺活动来看，还是较为流畅，从选石到设计到创作到完成，可见该幼儿已经能够独自在石艺坊中完成整个流程并制作出作品。

2.尝试探索，坚持完成

在整个过程中，一开始男男遇到了没有肉色的问题，在同伴的提示下，他开始尝试调色，肉色的调配比例是红色少，白色多。但是男男开始是以一样多

的两种颜料进行调配。在不了解比例的情况下，男男进行了多次的调试，在这过程中，他并没有放弃，而是一直在加白色的颜料，加了一次又一次。经过几次的调试，他终于把需要的肉色调配了出来。

还有关于干湿的问题，开始男男在纸板上涂不上颜色，所以一直在材料间徘徊，之后我给了他一些提示，他开始 "给颜料喝水"。在加水的过程中，男男发现水加得太多也不好，纸板上的颜料会淋下来，而且底色也会很浅，只有加入适当的水，涂出来的才会更好看。在尝试的过程中，男男也没有放弃，一会儿加一点水，一会儿加一点颜料。通过一次次的尝试，最后男男完成了作品。

【收获与反思】

孩子在工坊的时间毕竟不是很长，很多技能性的东西需要其在不断的操作过程中去发现、去了解，如果教师直接将孩子的问题解决了，孩子缺少探索的过程，反而会失去很多乐趣。教师只需在孩子需要的时候稍稍推动一下，让孩子有新的收获，增加孩子的兴趣。

在慢慢地接触工坊的活动中，幼儿已经能够比较熟练地用石头来进行装饰，但是在辅助材料的使用过程中，还是比较局限，在想象力与创造力上需要我们老师时不时地进行引导。我们后期可以将一些比较优秀的作品以照片拍摄的方式进行一些集体教学活动，打开幼儿的思路，让他们有更多的想法。

石头上色啦

——中班幼儿在石艺体验中解决问题策略的案例解析

观察时间: 2020 年 11 月 20 日　　　　观察对象: 小宝

地点: 石艺坊

【观察背景】

虽然孩子们对整个流程十分熟悉，知道要先选石，然后在设计稿上进行拓印、设计自己的石头画，最后再在石头上进行绘画。流程看上去简单，但是实际过程中，往往容易出现各种各样的问题。尤其是在上色这一环节当中，易出现不易上色、颜料难干等问题。

【观察目的】

观察幼儿在石艺坊中游戏的情况，重点观察在石头上上色的问题。

【观察策略】

采用个案观察的方法，记录一名幼儿在完成一个作品时出现的情况，同时教师做好观察记录，适时给予不同的引导方法。

【观察描述】

小宝一直在用嘴吹石头，因为他想尽快进入下一个环节，而下一个环节必须在颜料干的情况下才能进行。在让石头快速变干的过程中，他第一个想到的加速法是将石头放到太阳底下进行晾晒，但是晾了一会儿还是没有晾干。于是，他开始寻求边上小朋友的帮助。小朋友们给了他一些建议，有的说太阳晒很快就能干，稍微等一会儿就可以；有的说用嘴巴吹；有的说可以拿小电风扇过来吹，也很快；还有人说可以去找老师帮忙。在听了老师的建议并思考后，他选择用电风扇进行吹干。他拿来电风扇吹石头，吹了一会儿后，他摸了一下石头，发现石头还没有干，就放弃用电风扇吹了。最后，他仍旧选择用嘴吹的方式让石头快速变干，一直吹到石艺坊活动结束。

【解读与分析】

小宝是一个主见性比较强的人，也能接受他人的建议，但不轻易接受，多数时候是比较拗的。在这次活动中，他一开始想到的方法是用嘴吹。之后在吹的过程中，他发现效果不理想，便想尝试其他办法。之后不管是他自己想到的，还是小朋友、老师建议的方法，他都没有耐心去坚持到底。因此，在他尝试"失败"之后，仍旧回归到他最初的方法——用嘴吹。在整个过程中，我也发现其实他特别想让老师告诉他一个快速晾干的方法，不断与老师进行眼神的交流，但就是不主动去接纳老师、小伙伴给的建议。

造成他这种行为的一半因素是他本身的个性，自我主观性太强，认为这样的方法是对的就只会坚持自己的。从他一直用嘴吹到活动结束可以看出，其实他是有耐心和坚持性的，就是这份坚持"因事而异"。另一半因素就是他缺乏独立思考、探究的能力，不能很好将接收到的信息有效利用。从他一直与老师眼神交流可以看出，他有较大的依赖性。这与家庭环境也相关，家里的人对他都是百依百顺，服务周到，使其缺乏独立思考能力和辨别能力。

【收获与反思】

针对他这样的情况，我觉得可以从以下几方面来提升他的能力：

1.在平时的活动中遇到问题时，鼓励他尝试用多种不同方法去解决问题，从活动中逐渐培养他独立思考的能力。

2.在他实际尝试操作过程中，用游戏者的身份去引导、启发他，用不经意的方式去给他正确方向的引导，而不是用教师的身份直接告知他。这样可以让他自己去探索、发现，增强其探究能力。

3.与家长沟通交流，在家里不要一味对孩子千依百顺，不要过度宠溺。在他寻求帮助的时候，不要直接帮他解决问题，而是和他一起去探究解决问题的方法，减少他的依赖性，培养独立性。

4.平时在活动前，多一些小组讨论、辩论等形式的活动，让其多接受他人的建议。

小石头 大创作
——石艺工坊中幼儿创作能力的观察与反思

观察时间: 2020 年 5 月 7 日　　观察对象: 凡凡

地点: 石艺坊

【观察背景】

在主题活动"地球村"中，我们开展了室内自主创作活动，幼儿在石艺坊中进行了一系列的流程。从准备到设计到操作，幼儿在工坊中进行了自由的创想和设计，完成了石艺作品创作。

【观察目的】

1.幼儿在工坊中按照流程进行自主创作，学会自我管理和自我约束。

2.幼儿在工坊中自主设想、创作，能在主题背景下制作美术创意作品。

3.活动中培养幼儿的良好学习品质，注重与他人的合作。

【观察策略】

跟踪式观察描述。

【解读与分析】

幼儿刚刚接触工坊，其中的一些常规工作还是需要我们老师不断地引导的。譬如针对有些幼儿急于进入操作间进行操作导致他们在设计稿的涂色上过分地随意的情况，我们可以利用课余时间进行设计稿的对比活动，让幼儿了解完成设计稿的重要性。幼儿在工坊中活动时，能大胆运用各种材料进行活动；但也有一部分幼儿在遇到材料不适宜的情况时会不知所措，这时就需要我们老师及时地肯定与引导，为幼儿提供新的创造力。

【收获与反思】

在自主游戏过程中，石头是幼儿活动的主要材料，也是活动的基本支撑。在活动过程中，为确保资源的丰富性，我们提供了一定的装饰物和辅助材料，与传统的教学环境相比，这些装饰物形态万千，有的像小朋友喜爱的小动物，有的则像花草树木，其能有效地美化幼儿园教学环境，给幼儿园教育带来新的生机和活力，并为幼儿创造良好的教育环境和生活环境，促进幼儿教育工作的高效开展。在幼儿的操作中，为让幼儿形成对美的认知，教师通过观形察色，究其质地，研其纹理，向幼儿讲述一些美好的事物，这能在发散幼儿思维，提升其想象力的同时，加深其对美好事物的感知，促进其健康成长。

初次与石艺相约
——中班幼儿在选石、拓印中的活动案例解析

观察时间：2020年5月20日　　　观察对象：远远
地点：班级区域

【观察背景】

　　"工坊活动"是我园的特色活动，石艺坊就是其中一环。我们幼儿园处于三江汇合处，临近湘湖、钱塘江等风景点，有丰富的文化底蕴，因此石艺坊呈现了许多风景画、生态画、人物画等。这次的活动就是缤纷夏日主题下的系列活动——画画眼中最美的夏日风景。

【观察目的】

　　观察幼儿在石艺坊中活动的情况，重点观察选石。

【观察策略】

　　以跟踪式观察的方法，记录一名幼儿在完成一个作品时出现的情况，同时教师做好观察记录，给予正确的引导。

【观察描述】

　　活动一开始，小朋友们就热热闹闹地选起了石头。小鱼说："这个石头是爱心形状的，我真想画颗粉粉的爱心哦，我最喜欢粉色啦！"小帮说："不对啦，我们这次的主题是夏天里的风景，你不可以画爱心。"含含说："对呀对呀，我看这块石头挺好的，我可以画一朵漂亮的花。"小鱼说："那好吧，我下次再画爱心，我也要画一朵太阳

花。"远远拿起一块石头说:"这块石头能不能画呀?"甜甜说:"老师说要选大一点的好画,选平一点的等下好涂色。"远远说:"那我这个到底是可以还是不可以呢?"当小伙伴们兴奋地边选石边讨论画什么的时候,远远在不停重复"我这个石头可不可以",眼神一直往老师身上偷偷瞄。

而在热闹的选石结束后,小朋友们都开始拓印和设计了,远远还在纠结他选的这块石头到底合不合适。当其他的小朋友开始画设计稿了,远远才开始尝试拓印石头,在一张纸上拓满了他选的那块石头。之后,他就握着笔苦思冥想,终于在活动结束前画了一朵小小的花。

【解读与分析】

今天,我们班的小朋友是第一次从选石开始完整玩石头画。从案例中可以看出,大部分的孩子对于选石很是兴奋,边想象着边在选石,只有远远一个人一直碎碎念,不能确定自己选的这块石头是否合适。哪怕是小朋友告诉他选石的方法,他仍旧不放心,小眼神一直往老师身上瞄,就想老师给他一个明确的回答。由此可见,他十分缺乏主见,对自己的选择很犹豫,除非老师能给他明确的表示。

在案例中,其他小朋友纷纷开始设计,远远仍在纠结当中,不知道从何下手。之后,远远重复多次拓印,到最后无奈画了一朵小花,可以看出这个活动对他而言是比较困难的。而在这整个活动中,他没有向同伴、老师求助,可以看出他个性比较羞涩,不太擅长交流,从中也体现出他缺乏自信。

他之所以有这样的表现是因为自信心不足,怕自己做得不好会被嘲笑。这与他平时的性格相关,害怕表现自己。但是从另一方面也能看出他其实有很好的坚持性和耐心,若是能够把那种对选石是否正确的坚持性用到别的地方就会有一番新的成就。

【收获与反思】

针对远远这样的情况,我采取了以下策略:

1.在活动前,可以先让他多了解一下流程,多讲解几遍流程中的注意点。

同时，在他操作的过程中多给予他一点肯定，让他知道自己所做的事是被老师认可的，可以大胆尝试。

2.在平时多跟他聊天，促进他与其他小朋友之间的交流，让他感受到老师、同伴对他的关心、帮助，培养其社会交往能力。

3.在他困惑的时候帮助他一起作画，先假装自己是主导者，让他从旁观者的角度慢慢转变成主导者。

海洋奥秘知多少

观察时间: 2020 年 5 月 20 日　　　　**观察对象:** 芮芮、天天
地点: 美工区

【观察背景】

课间活动中，芮芮对天天说周末妈妈带他去了海洋馆，里面有乌龟、海豚、海狮、水母……"我最喜欢海豚，它的皮肤很光滑，喜欢跳跃和游泳。"天天说他小时候也去过，他知道里面有很多不一样的鱼，很漂亮……接着孩子们就展开了激烈的讨论。孩子们天生对海洋感兴趣，通过这个话题，我们开展了关于海洋的特色课程，让孩子们用自己的大脑和双手与海洋建立连接，帮助他们进一步了解海洋，了解海洋生物。

【观察目的】

以幼儿的参与为主体，通过幼儿的实际体验，提升其能力，同时建立起幼儿对自然、社会和艺术的初步认知。

【观察策略】

1.不同的观察视角和侧重点。（从孩子的活动兴趣、认知水平、个性心理、规则意识等方面）

2.巧妙地观察，客观地记录。（善于发现孩子在制作过程中的积极正面因素，了解行为背后的动机）

【观察描述】

我们小组制作的是"海底世界"，大家一起选石设计。在制作的过程中，芮芮用剪刀剪了蓝色的鱼鳍，但是天天发现两边的鱼鳍不一样大，就告诉了芮芮，芮芮说没关系的，他们的鱼是变异品种。天天涂完一块石头，却发现颜料总是湿乎乎的，鱼鳍根本粘不上。过了一会儿，天天拿了一个小风扇开始对着石头吹，吹了好久发现还是湿漉漉的，左思右想后他就拿着石头到太阳底下一边晒一边吹，没过一会儿颜料就干了。芮芮说她来做这个乌龟的造型，她在石头上画了几条线，接着用不织布剪了四条腿后用双面胶粘了上去。突然她停住了，好像在思考什么，只见她拿掉了乌龟的腿，又在黄色的不织布上画上了乌龟的四肢。这次画的四肢是圆圆的。最后在大家的忙忙碌碌中，一幅多彩的"海底世界"成功出世啦！

【解读与分析】

1.案例中体现的能力建设

想象力和创造力：幼儿园小朋友正处于具体形象思维的发展阶段，想象力丰富，喜欢动手操作。石艺坊的特色活动给幼儿提供了发挥的机会，孩子们可以根据自己的想象来创作，这能够充分激发他们的参与热情。除了"海底世界"主题，还有"鹦鹉的一家""京剧脸谱""好吃的水果"等不同主题的创作。

思考问题和解决问题的能力：小朋友在创作的过程中会碰到各种各样的问题，比如说"石头的颜料不好干，怎么办？"提出问题后，孩子们自己会想办法——"用小扇子扇风""颜料少涂一点"。在教师的帮助下，他们不只是提出问题，还讨论问题的解决办法。

合作能力：作品需要组员共同合作完成并展示，小朋友在活动中必须要依靠集体的力量进行创作。教师给幼儿创设一种互助互爱的氛围，有利于孩子们形成集体的合作能力，每一次的活动都是一次社会化合作的锻炼机会。

2.案例评析

此活动设计主题简单，重点是孩子的参与部分，活动给了孩子很大的自主空间，孩子的参与度很高，对其能力建构也很有帮助。

活动因为涉及小组内的配合，对孩子的要求比较高，需要教师及时关注组内情况，给予细节指导和情绪引导，更适合年龄大一点的孩子操作。在有限的时间内，如果达成比较好的展示效果，也需要教师及时帮助小组推进课程进展，及时处理各种问题。

【收获与反思】

1.活动形式。活动的设计形式可以更多样，比如加入一些故事情境，让幼儿带着情景去设计自己的作品，这样可以增强小组间的内容联络，展示环节也会更具有吸引力；针对不同年龄段的儿童设置更丰富、更适合的形式和内容。

2.活动材料。活动的材料可以更丰富，在当前石头、颜料、纸、笔的基础上增加一些特色的手工材料，比如树叶、小木棍等常见的自然材料，扩展幼儿的作品设计范围。

3.活动管理。增加多媒体展示宣传途径，增设家长参与途径等。

京剧脸谱

观察时间：2020 年 5 月 22 日　　　　观察对象：可儿、涵涵

地点：班级区域

【观察背景】

大班上学期，我们开展了"大中国"的主题教学活动。为了让孩子感受中国人的了不起，为自己是中国人而自豪，建立民族归属感，感受京剧、水墨画等中国传统文化的独特魅力，体验多彩的民间文化，我们选择了"京剧脸谱"为兴趣主导路径，引导孩子积极体验、探究、分享、合作，使孩子热爱祖国的情感得到萌发和升华。基于深度学习理论，在主题开始前期，我们开展了一次"师幼、家园"的互动调查，结合幼儿的认识基础、兴趣需要、已有经验等感性经验，多角度地对儿童现状进行了剖析。

【观察目的】

引导孩子积极体验、探究、分享、合作，使孩子热爱祖国的情感得到萌发和升华，为自己是中国人感到自豪。

【观察策略】

1.不同的观察视角和侧重点。（从孩子的活动兴趣、认知水平、个性心理、规则意识等方面去观察）

2.巧妙地观察，客观地记录。（善于发现孩子在制作过程中的积极正面因素，了解行为背后的动机）

【观察描述】

孩子画完设计稿后开始在设计间自主选择材料，可儿和涵涵选择了相同颜料的底色。可儿是大范围地涂抹红色，等底色晾干之后再继续上色；而涵涵选择把眼睛、嘴巴这些现有的轮廓先画出来，然后涂色的时候选择避开。我问涵涵为什么选择这样涂色，她说这样在等颜料干的时间里，就可以画其他区域。过了没多久，可儿把红色涂好了，开始用小电扇对着吹，一旁的涵涵不紧不慢地涂着小区域，生怕涂得不均匀，当发现有一点涂错了她就用手指擦掉。大概过了十几分钟，颜料干了，她就开始用黑笔进行勾线，头顶的黄色区域用细笔进行涂抹，对于眼睛，她选择了材料里现成的小眼睛直接粘贴。最后两人的画都完成了，虽然选择了不同的涂抹方式，各有千秋，但完成的作品都很出彩。

【解读与分析】

1.案例中的体现

想象力和创造力：欣赏喜剧脸谱，知道脸谱是中国传统戏剧特有的表现形式。学习用鲜艳夸张的色彩、对称的图案设计脸谱。

思考问题和解决问题的能力：小朋友在创作的过程中会碰到各种各样的问题，比如说"脸谱的对称性"。提出问题后，孩子们自己会想办法如用手指比一比。在教师的帮助下，他们不只提出问题，还讨论问题的解决办法。

2.案例评析

京剧脸谱在孩子的生活中并不常见，通过这次活动的开展，让孩子知道脸谱是中国戏剧中特有的化妆艺术，知道不同颜色代表不同的人物面貌，揭示了人物的性格、类型、品质等。脸谱是一种富有装饰性的图案艺术，具有很高的欣赏价值。孩子可以用大色块创作，也可以选择黏土等创作夸张的脸谱。

【 收获与反思 】

石艺坊特色课程还有很多地方可以进一步地探索和提升。

1.活动形式。幼儿以"石"为载体,通过拼、贴、画、比等方式,自由创作祖国的大好河山、各地的名胜古迹、特色鲜明的少数民族相关内容等,让幼儿在观察、发现和创作中体验和表现中国的特色。

2.活动材料。活动的材料可以更丰富,在当前石头、颜料、纸、笔的基础上增加一些特色的手工材料,比如羽毛、珍珠等常见的自然材料,扩展幼儿的作品设计范围。

3.活动管理。增加多媒体展示宣传途径,增设家长参与途径等。

如何让特色课程发挥更大的价值,是我们始终在思考的问题。帮助孩子们在兴趣和创作的路上越走越远,是课程始终坚持的原则。石艺坊特色课程是幼儿园对教育价值探索的一个载体,我们坚信,只有坚持不懈,才能走向更深处。

▶▶▶ **项目活动**

石玩，由心动到行动

——以石艺工作坊为载体，培养专注力学习品质的项目活动解析

观察时间: 2020 年 5 月 26 日   **观察对象:** 洗石区的孩子们
地点: 洗石区

【观察背景】

游戏是儿童最重要的存在方式，也是幼儿园教育的基本活动。《幼儿园教育指导纲要（试行）》明确指出："幼儿园教育应尊重幼儿的人格和权利，尊重幼儿身心发展的规律和学习特点，以游戏为基本活动，保教并重，关注个别差异，促进每个幼儿富有个性地发展。"而自主性游戏则能提供幼儿进行自主探索、自我建构，最大限度地激发儿童的想象力和创造力，是幼儿各方面能力得到自由、充分、和谐发展的途径之一。幼儿园工作坊正是在这样的背景和理念下发展起来的。石艺工作坊是我园为孩子创设的一个以石头为主要材料的自主创意坊。我们的石艺工作坊目前以主题的形式开展活动，为幼儿提供丰富的操作材料，同时营造轻松、自由的环境，让儿童利用简单的石头玩出花样，玩出乐趣，自主建构属于自己的"一百种语言"。

我们的石艺工作坊分为五个区域：挑石区、洗石区、设计区、创作区、展示区。在这五个区域中体现了幼儿自主性的五个内容。

挑——我要创作什么，应该挑选怎样的石头，选的这块石头能够做什么。

洗——洗的过程中多角度感知石头，把玩石头。

设——这块石头能够做什么东西，设计自己要创作作品的图纸。

做——在石头上创作设计好的作品，勾勒图形、上色……

展——展示作品，分享、交流与讨论。

经过长期的教育实践，我们发现孩子们在石艺工作坊"工作"的时候，兴趣

非常高，在整个活动过程中注意力非常集中，这也是我们选择以石艺工作坊作为载体，探究幼儿专注力学习品质的缘由。

【观察目的】

1.通过观察、记录的方法，分析、解读幼儿在工作坊游戏时认真、专注的行为表现。

2.关注幼儿认真、专注的行为，培养幼儿在游戏中自主选择、自主创作、自我建构和自主管理的能力。

【观察策略】

教师在石艺工作坊活动过程中，根据孩子在活动过程中表现出来的认真、专注学习品质的特点，运用了"扫描观察""定点观察""追踪观察"等方法观察幼儿所走的不同"路径"。而每次游戏由于观察的主题和重点不同，观察策略的选择也会不同。本次活动主要采用了以下几种观察策略。

1.点状式观察策略

教师以某个主题区或某个幼儿为中心，以新生成、新出现的内容为教师观察的中心或重点，对这个主题区或幼儿实施定点观察，同时辐射到其他主题区中幼儿的表现，这样可以避免顾此失彼的现象发生。

2.拉线式观察策略

在自主游戏背景下，教师确定一个观察的中心内容或幼儿的某种能力发展，在多个主题区实施追踪观察，以帮助幼儿提升、分享游戏的经验。对其他主题区或对其他幼儿只是远距离观察，了解幼儿在经验游戏中的互动情况。

3.铺面式观察策略

教师对幼儿自主性游戏的过程都给予关注，进行巡回观察。在这种策略中，教师往往无观察的重点，可以不受线路的限制，想看什么就看什么，想用什么方法就用什么方法，虽然像蜻蜓点水一样，却能发现一些不寻常的事情，更好地了解幼儿的发展趋势。

【观察描述】

又到了孩子们的石艺工作坊自主游戏时间啦！只见孩子们来到材料区（挑石区）。挑石区是一个敞开式的区域，区域里有大小不一、形状各异的石头。孩子们在这里挑选自己想要的石头。看，四五个孩子正低头找着他们想要的石头，边找边聊着："今天我要做一条项链，你帮我看看这颗怎样？""我要做条鱼，想找块三角形的，等会儿你看到了告诉我。"不一会儿，两个孩子拿着石头朝对方看着，满意地笑着一同跑向了洗刷池。

洗刷池里，一派热火朝天的景象。一个女孩子正在很使劲地刷着，嘴里还不时地哼唱着"洗刷刷洗刷刷……"大部分孩子都刷得起劲，只有一个戴眼镜的女孩拿着刷子在水池中慢慢地走来走去。只见她走到一堆石头旁蹲了下来，拿起一块石头看了看，轻轻地放回原处。接着不紧不慢地转过身，朝后面走去，又突然蹲下身，迅速拿起一块，用指甲剖了一下，摇了摇头……几分钟过去，她发现目标了，就兴奋地跑了过去，拿起一块圆形的石头放在手心里看了看，一抿嘴——笑了，抓着石头高兴地走到了旁边，开始洗石头。

【解读与分析】

蒙台梭利认为，如果要帮助儿童获得个人的自然发展，适应并利用环境，必须为儿童提供一个有准备的环境。为幼儿提供一个开放的空间，提供一种宽松、自由的环境氛围，保证幼儿的兴趣、想法不受干扰，只有这样幼儿才会喜欢并全身心地主动投入，自主地开展活动。

1.合理规划游戏区域

区域的合理规划和布局可以在无形中培养幼儿内在的秩序感。游戏空间的合理规划和布局对游戏开展有着巨大的影响，每个区域必须根据游戏的性质、内容和特点对空间进行合理的规划，保证空间的规划便于幼儿独立使用，利于不同区域活动间的交流与合作，同时还要注意到动与静的结合，保证区域之间互不干扰。挑石区设置在一个比较安静的角落，孩子们可以静下心来专注地挑选自己想要的石头。洗石区分为洗刷池和冲刷池，分别设置在不同的方向，以便于分离活动时的人流。区域的合理规划就是为幼儿创设一个满足他们各种物质需要的环境。在不同的区域中，幼儿能够各取所需、自由选择多样化的材料，为下一步的工作做好准备。

2.充分保障游戏时间

保证幼儿游戏的时间，就是保障幼儿的游戏权利。教师要保证幼儿真正的游戏活动时间，不能因为游戏前的介绍和游戏后的评价而挤占幼儿游戏的时间。

在所有的环节中，每个幼儿的需求不同，每个幼儿的想法也不同，教师要给予幼儿充分的自我发现、自我建构和自我创造的时间和机会，不要人为地去限制每个环节活动的时间，这样既剥夺了幼儿游戏的时间，也必然导致游戏质量的降低。

3. 积极营造自由氛围

在所有的环节中，教师要给予儿童充足的时间，让其自由选择操作的材料、自主决定操作的方法。教师扮演的应该是一个支持者、观察者和辅助者的角色，不要人为、主观地介入到孩子的活动中去。当孩子找到满足自己需求的东西，一旦真正地投入其中时，表现出来的就是一种专注。而当幼儿的注意力集中于某一物体，并不停地重复寻找、摆弄，他的心理就处于一种安全、放松的状态。这时，我们没有必要担心他们，所要做的就是满足他们的需要，排除他们可能遇到的障碍。例如，在挑石区挑选石头的时候，幼儿选什么样的石头，选多少石头；在洗石区里，怎么洗石头、怎么刷石头、洗多少石头等等，我们都应该把选择权交还给幼儿。

【 收获与反思 】

1. 寻找契合点

在石玩坊中，培养孩子自主游戏的兴趣时，要寻找与幼儿生活经验、能力、需要相关的契合点，这有助于他们对多种事物保持良好的专注力。因为孩子对于感兴趣的事物能够投入更多的心思。虽然孩子的专注力品质是在自然而然、没有预定目的的情况下产生的，且容易受到新奇事物和感兴趣事物的吸引，但自主地操作、自主地交流、自主地游戏能引起他们的兴趣和情感共鸣。

2. 寻找链接点

在石玩坊中，要寻找专注力与幼儿自主游戏过程的连接点。几乎在每一次活动中，幼儿都不能完整地完成一件作品，这虽然不能很好地体现作品的连续性和完整性，但它应该涵盖幼儿在石玩活动过程中的连续性。所以，幼儿专注力品质的培养是一个长时间的连续过程，教师要关注幼儿在活动中的发展轨迹，学会等待。

3. 寻找升华点

在石玩坊中，要寻找与幼儿的情感体验、表达表现、自主创作相匹配的升华点。关注幼儿的创作过程，在追随儿童的过程中，预留一定的弹性空间，让幼儿在与环境、与同伴、与作品进行互动的同时，提升专注力，同时使整个活动变得灵动，让每个幼儿都有可能在自我的空间里得到发展。

初次与石艺相约
——中班幼儿在选石、拓印中的活动案例解析

观察时间：2020年6月3日　　观察对象：欣欣
地点：玩色坊

【观察背景】

线描画对于我们班上的幼儿来说并不陌生，所以孩子们能自主选择工坊材料并开始活动。活动提供的纸袋是孩子们从自己家里搜集来的，所以每个纸袋大小规格不一，图案不一，这就会给孩子们在绘画过程中造成一定的困扰，而要使自己的作品与纸袋上的图案融合，需要孩子们的想象与再造。

【观察目的】

在本次活动中，我选择欣欣小朋友作为个案观察的对象，对她在工作坊中的言行表现进行观察，了解她在活动中的发展变化。

【观察策略】

本次用全程定点定人录视频的方法进行观察，以更好地了解该幼儿在整个过程中的发展水平，以便下次更好地为幼儿制订学习计划。

【观察描述及分析解读】

　🔅 **镜头一：**

工坊活动一开始，孩子们就选取了自己喜欢的纸袋，拿上记号笔就开始了绘画。欣欣小朋友迅速地选择了一个较素净的纸袋开始线描画。不一会儿，她就遇上了困难，她所选择的纸袋中间有一只红色飞翔的小鸟，这可难倒她了。只见她一直没有下笔，笔不停地拿起、放下。

分析解读：

幼儿园的美术活动是为了让幼儿具备初步的审美意识，挖掘和发挥幼儿的创造能力。当幼儿出现问题时，教师可以间接地介入活动，而不是直接帮助或告诉幼儿应该怎么做，给幼儿创造解决问题的机会。

🌀 镜头二：

我一直在旁边，欣欣也经常转过来看我，应该想让我帮助她，但是却不好意思开口。一旁的天天看见了，对她说："欣欣，你怎么还不画呀？"欣欣摇了摇头说："这只袋子中间有一只小鸟，我该怎么画呀？我想画一棵树。""小鸟喜欢吃果子，你的大树上可以添些果子呀。"天天对欣欣说道。听取了天天的建议后，欣欣最后的作品里那只火红小鸟吃着果子，最受小伙伴的喜欢。

分析解读：

由于幼儿自身的动手能力较弱，而旁边的天天性格比较开朗，平时也经常帮助别的小朋友，当他向欣欣提出自己的想法后，欣欣也很乐意接受。孩子之间的互动让我感悟到：艺术教育不仅仅是陈列和展示的欣赏，更应该强调幼儿的体验与感受，做到"创造机会和条件，支持幼儿的艺术表现和创造"。

【收获与反思】

中班的幼儿已积累了较多的美术知识经验，在此基础上，我选择了各种不同题材、不同风格的欣赏作品来拓宽幼儿的创造思路，提高幼儿的欣赏能力。像欣欣这种想象力不是很丰富的小朋友，平时的活动中也要让其多体验各种感觉，比如给她讲一个小故事，让她去想象故事的情节；可以放一段没有歌词只有画面的MV，让她去想象画面表达了什么。爱因斯坦说过："想象力比知识更重要，因为知识是有限的，而想象力概括着世界的一切，推动着进步。"所以促进幼儿想象力的发展尤为重要！

给孩子探索的机会

——基于玩色坊涂鸦区观察案例分析

观察时间: 2020 年 5 月 28 日　　　　观察对象: 湳湳

地点: 玩色坊

【观察背景】

　　这个学期我们把玩色坊搬进了过道,相对于户外的炎热,孩子们也更喜欢在室内操作。我们班的小朋友也是第一次进入玩色坊,对玩色坊的区域及材料还不是很熟悉,还处于适应环境和学习技能这个阶段,所以他们目前也只会用一些简单的技能来完成作品。

【观察目的】

　　观察幼儿在操作过程中的熟练程度,对材料的选择及利用,以及遇到问题时处理事情的能力。

【观察策略】

　　本次用全程定点定人录视频的方法进行观察,以更好地了解该幼儿在整个过程中的发展水平,以便下次更好地为幼儿制订学习计划。

【观察描述】

　　湳湳在玩色坊里发生了一件事情。当天他选用颜料在黑色卡纸上进行涂色活动。当涂色结束之后,他为了能更快地进行下一步活动,尝试了很多方法。其实在此之前,他第一次是把卡纸移到太阳底下进行晾晒的,但他觉得不是很有用,然后就用自己的嘴巴吹,又觉得用嘴巴吹太累了,就用纸折了一个小扇子,在黑色卡纸上方一下又一下地给它扇着。这个看似简单的过程,其实是孩子在不断地进行思考的一个过程。在此过程中，他不断地与老师进行眼神的交流，希望在老师那里得到一些帮助。在老师没有给他更多的信息之后，他开始自己思考，独自解决问题。

【解读与分析】

对一名进入次数不多的大班孩子而言，能自主解决问题，这在创意玩色游戏中是非常重要的。

游戏是儿童最重要的存在方式，创意玩色游戏不仅能丰富幼儿的感知经验和主观体验，发展幼儿的动手能力和创造能力，更重要的是能使幼儿在自主的游戏氛围中，学会交往、合作、尝试开拓和创新，体验成功和失败，从而实现幼儿个性的全面和谐发展。《指南》中明确指出："应当重视幼儿的学习品质。幼儿在活动中表现出的积极态度和良好行为倾向是终身学习与发展所必需的宝贵品质。"我们需关注幼儿在游戏中的教育契机，注重幼儿学习品质的发展。具备解决问题能力这一学习品质对幼儿积极建构知识结构是极为关键的。活动的开展旨在提高幼儿发现问题、解决问题的能力，强化其不怕困难的意志，使其能正确地面对新的学习和生活带来的挑战。

【收获与反思】

在玩色游戏中，幼儿往往会在游戏过程中出现困惑，由于语言发展的局限性，他们可能无法完全正确地表达问题，在表述的过程中比较片面和简单。比如在玩色游戏中，我们需要创设"发现问题、描述问题"等过程或情景，通过识别、描述和呈现，将最终得到一个发现、启发、解决问题的思路，以便推动幼儿问题意识的形成和深发。

让心中计划"落地"

——玩色坊背景下幼儿"自然扎染"观察与分析

观察时间：2020 年 11 月 18 日　　观察对象：浩浩
地点：玩色坊

【观察背景】

扎染，是我国民间特有的印染方法，其工艺从扎到染都具有丰富的创造性。扎染作品色彩艳丽、图案变化多样，容易对幼儿产生强烈的吸引力。在经过多次扎染活动之后，大班幼儿已能理解扎染出现图案的原因；能运用不同的材料，如皮筋、小玩具、绳子等进行扎染；初步感受到用不同的扎染方法所出现的相应的图案及其位置等。但是，在活动中他们更多的是无意识地探索与发现，感受扎染的乐趣及图案出现所带来的惊喜，缺乏自主设计和有意识地创造与表现，随意性较大。

【观察目的】

观察幼儿对扎染活动的计划性，以及是否有意识地创造与表现。

【观察策略】

跟踪观察。

【观察描述】

浩浩来到玩色坊的扎染区，挑选了一块大小适宜的布，有条理地将布打湿拧干。开始扎布了，他先是捏拢布条，扎了布的一个角，然后拿取了泡沫球，若有所思地将球扎在了布的中间位置。发现扎不进时，他没有气馁，尝试了很多次，似乎都没有达到他想要的结果。这个时候他发现原因是使用的双层布太厚导致泡沫球扎不紧。他解开橡皮筋，把泡沫球挪到了单层布的下方。接着，他又换到最开始的长条未扎完处，继续往下扎。

【解读与分析】

学习主动性是儿童的目标意识，包括设立目标、形成计划、实施计划的能力。事实上，主动性也可以定义为个体按照自己规定或设置的目标行动，而不依赖外力推动的行为品质。案例中的幼儿在多次尝试中，都不满现状，能主动去探索去实践，可见幼儿的主动性、坚持性、专注性等学习品

质不断在提升。幼儿虽有计划意识，但还不能制订计划并根据计划行动，这导

致幼儿反复在向自己的目标曲折前进。

【收获与反思】

关注幼儿在活动中的发展与表现，敏感地察觉他们的需要，及时以适当的方式应答，形成合作探究式的师生互动。因此，我们要充分了解幼儿已有的经验和水平，并预测其可能达到的经验和水平，注重引导幼儿将已有经验在新的活动中迁移与运用，促进新的发展。这个案例就是教师在了解幼儿对扎染方法的掌握及对其所出现相应花纹的感知的基础上，给幼儿设计了一个新的挑战——先预想、设计花纹，再进行表现，实现从平面设计到立体创作的发展，并创设了条件，提供刺激，诱发经验，满足了幼儿发展的需要

一次自然扎染中的问题解决

——玩色坊背景下幼儿学习品质的发展

观察时间：2020 年 10 月 19 日　　　　观察对象：大班幼儿

地点：玩色坊

【观察背景】

本学期玩色坊主要以自然扎染的形式开展，发展幼儿的动手、合作、解决问题等能力。由于扎染中使用了各种捆扎技法，所以染成的图案纹样丰富，具有令人惊叹的艺术魅力。通过前期几次的探索尝试，幼儿对扎染材料和方法已经有了初步认知经验。

【观察目的】

观察幼儿在工坊活动中学习品质的发展。

【观察策略】

跟踪观察。

【观察描述】

工坊游戏开始了，乐乐和依依选择了扎染区块。她们找到一块大布料，在

浸湿布料之前，乐乐首先对布料进行了折叠整理，以便于后续的洗湿操作。紧接着，她们开始冲洗布料，过程中乐乐对依依说道："我们打开看看里面是不是干的，湿的可不行。"打开一看，果然里面是干的，于是乐乐和依依开始合作想办法将整块布料浸湿，并且拧干。在这中间有个小插曲，有个男孩子拿着扎染所需的材料，来询问乐乐是否足够，乐乐思考后回答他："啊，我们还有好多，够了。"开始扎花纹了，乐乐和依依铺平整张布，乐乐说："我们用一折一折的方法吧。"接着她俩用折横条的方式，不断前折。我注意到，她们在折的时候，并未用到翻折，导致布条越来越厚。等到快折完的时候，乐乐和依依发现了这个问题，布越折越厚，无法进行扎染，那该怎么办呢？遇到问题，孩子没有来询问老师，而是自己进行了尝试。她们俩再次铺平布料，这一次选择用瓶盖、泡沫球扎花纹，围观的几个幼儿也上前加入了他们的团队，共同完成大块儿布的扎染。

【解读与分析】

《高瞻课程》中关键发展指标之一是"社会性和情感发展"，其中也提到合作游戏，同伴合作的关系对于幼儿的自身发展和社会适应起着重要作用，对幼儿的道德观念、思维方式及个性特点也都会产生十分显著的影响。从依依和男孩的反应可以看出，依依在游戏中受乐乐影响居多，乐乐在游戏中充当着相对更有分量的角色，其他幼儿也愿意听从乐乐的安排。乐乐和依依在实践操作时，仍然选择合作的方式，同时其他幼儿也加入合作的队伍。这是幼儿在游戏中相互学习的一个过程，也是学习品质的一个体现。案例中幼儿出现问题时，教师并未进行直接介入，成人的解决方案或许更有效率或者更有效果，但简单地把方案教给幼儿会剥夺他们学习解决问题和发展自信心的机会，要让孩子去尝试错误、发现错误、解决错误，鼓励幼儿主动找寻适宜的方式方法，培养幼儿良好的学习品质。

【收获与反思】

　　幼儿在活动过程中表现出的积极态度和良好行为倾向是终身学习与发展所必备的宝贵品质。要充分尊重和保护幼儿的好奇心和学习兴趣，帮助幼儿逐步养成积极主动、认真专注、不怕困难、敢于探究和尝试、乐于想象和创造等良好学习品质。学习品质是在幼儿不断发现问题、解决问题的过程中形成的。自然生态、刺激丰富的物理环境和宽松自由、鼓励主动探索的社会环境，能够为幼儿不断自主发现问题提供物质与心理支持。

扎染活动中幼儿经验的提升
——基于玩色坊扎染区观察案例分析

观察时间：2020 年 6 月 2 日　　　　观察对象：天天
地点：玩色坊

【观察背景】

　　扎染手工制作过程，不但能锻炼孩子们的动手操作能力，而且在颜色的搭配与印染过程中，提高了孩子们的审美能力和鉴赏水平，在多感官的欣赏和制作基础上逐步探索发现和感受扎染的色彩美、图案美。一天早晨，我穿了一件扎染的上衣，孩子们都围过来议论纷纷，都觉得这件衣服很漂亮。为了让孩子了解中国古老的扎染工艺，感受扎染的乐趣及图案出现所带来的惊喜，我带孩子们来到工作坊，其中的玩色坊中正好有关于扎染的区块，班级里的活动区域有限，孩子们在工作坊里能更好地发挥才能，能够选择更多的材料来操作。我们尝试用白布，让孩子们用线、绳、玻璃球等把布扎紧，然后放到调制好的颜料里去染色，把布展平就成了扎染作品。在这一过程中，孩子感受扎染白布的天然合成之美，进一步激发对民间工艺扎染的热爱，培养善于探索、敢于尝试和勇于创新的意识。

【观察目的】

在"奇妙的扎染"这个活动中,我选择天天小朋友作为个案观察的对象,对他在扎染活动中的言行表现进行观察,了解他在活动中的发展变化。

【观察策略】

本次用全程定点定人录视频的方法进行观察,以更好地了解该幼儿在整个过程中的发展水平,以便下次更好地为幼儿制订学习计划。

【观察描述及分析解读】

⊛ 镜头一:

天天来到扎染区,扫视了四周展示的扎染作品和桌上摆放着的操作材料,最后目光停留在旁边的染缸上。他走过去摸了摸染缸,朝里面看了看,就回到了我的旁边站着。我请小朋友们谈谈参观的发现,有的说发现扎染需要染缸,有小朋友说发现水池那里有扎染的步骤图,有的说发现桌上筐子里有很多的牛皮筋。小朋友们说话的时候,天天都转过去看了看,显然这些是他刚才没有发现的。

分析解读:

天天,性格活泼,思维比较活跃,语言表达能力比较强,但他的动手能力比较弱,做事耐心不够,他会把"老师,你来帮我"挂在嘴边。我原本认为,参观玩色坊,看到那么多精美的扎染作品会让天天对扎染产生很大的兴趣,而事实却并非如此,他只是完成参观任务而已。当老师要求他谈谈参观时的发现,由于参观时不够仔细,天天没有很多要介绍的内容,当别的小朋友介绍时,他都要转过去再看一眼环境。

⊛ 镜头二:

我请小朋友自己动手按照步骤图尝试进行扎染,提醒大家牛皮筋一定要扎紧。天天拿起一块手帕,开始用皮筋扎起来,但试了两次都散了,没有成功。他喊起来:"老师,怎么扎呀,你帮帮我吧!"这时,我走了过来,手把手教了一遍,扎好一处后让他自己继续试试。这时候,有小朋友开始把手帕放进染缸,天天着急了,他在手帕上用牛皮筋松松地扎了两处,便急急忙忙地放到了染缸里。在染的时候,他一会儿就来问:"老师,染好了吗,可以拿了吗?"取出染缸里的手帕并用清水冲洗过后，天天迫不及待地打开自己的手帕——染红的手帕上除了一圈鲜明的白色以外，并没有其他什么花纹。天天开心地、不停地拿给身边的小伙伴看。

分析解读：

幼儿自身的动手能力较弱，再加上老师参观前的要求不明确、情绪调节不到位，导致一开始天天对扎染并不是很感兴趣。天天的表现让我感悟到：艺术教育不仅仅只是陈列和展示的欣赏，更应该强调幼儿的体验与感受，做到"创造机会和条件，支持幼儿的艺术表现和创造"。通过工作坊的活动，天天对扎染步骤有了初步的了解，也获得了一定的成功感。但他还没有掌握扎染的基本技能，也不太愿意积极地想办法解决操作中遇到的困难。

【收获与反思】

《指南》中提出："幼儿艺术领域学习的关键在于充分创造条件和机会，在大自然和社会文化生活中萌发幼儿对美的感受和体验。"针对孩子对扎染操作还不是很熟悉的情况，可以在班级增设扎染区，提供相应的操作材料，让幼儿在自由的练习活动中学习如何将布扎紧。同时注意鼓励孩子在遇到困难是先自己想办法解决，实在解决不了再向他人讨教。教育就像扎染，同样的手段对于不同的幼儿而言，其作用是不同的，效果也是不同的。

找准定位，共同创造
——玩色坊"毕业签名墙"活动观察案例

观察时间：2020 年 6 月 17 日　　　观察对象：潇潇、小宝、润润、浩浩

地点：玩色坊涂鸦区草地

【观察背景】

大班幼儿即将毕业，我组织小朋友们进行"毕业签名墙"创意美术活动，要求孩子们共同在一张长两米、宽一米的绘画纸上，通过画、剪贴、折纸等多种形式组画合作。这是孩子们第一次尝试用合作的形式来涂鸦区作画，相互之间

的摩擦时有发生。

【观察目的】

本次活动幼儿采取合作画的形式完成签名墙作品。在作画过程中，幼儿遇到的困难如何解决？他们会求助老师还是朋友？在老师不干预的情况下，能否以独立或合作的形式解决困难，是本次观察的重点。

【观察策略】

1. 静观欣赏策略。以自然观察为主，尽量不打扰孩子自然的行为过程。孩子的探索学习需要得到老师的支持、帮助，但这并不意味着老师可以不分情况地随意提供帮助。抱以观察的眼光，给孩子自主选择与决定的权利，支持他们去尝试与实践，才是我们应该做的。

2. 情感激发策略。设疑切入，激发思考，老师在孩子寻求帮助时，用启发式的提问将活动引向深入，激发孩子的创造性思维。

【观察描述】

正在我巡回观察幼儿作画时，一个夹杂着哭腔的声音传到耳边："老师，你看呀。"我走过去了解情况："潇潇，你怎么了？"

"小宝把我这里弄成这样了，都不圆了。"潇潇指着作品的一处地方，哭着说。同组的浩浩把头凑过来说："是小宝撞了她的手。"我转头看了看小宝，她皱着一张小脸，眉头紧锁。我对潇潇说："别哭了，她也是不小心的，没有故意要弄坏你的画！"但潇潇依旧哭着说："她把我的画弄成这样了！"我见状轻抚着潇潇，建议道："潇潇不要急，我们一起想想有没有补救的办法，把这一条弯曲线变成一样画里的东西。"我刚说完，几个孩子都动起了脑筋。不一会儿，浩浩想出了办法："可以再涂大一点，把它修圆。"润润说："老师，我来折一只信鸽贴在那儿，表示信鸽来报信，等我们毕业了可以来告诉老师我们都戴上红领巾了。""这倒是一个不错的办法！我们来试试这个办法好吗？"我马上对小朋友的提议给予肯定，并且询问潇潇是否同意。潇潇没有说话，只是点了点头。接着，她就让润润在那里贴了一只信鸽，她的画看上去依然是完美的。

【解读与分析】

案例中两个孩子之间产生的矛盾是由于一人无意间的动作，对对方产生了伤害。潇潇因为自己努力完成的作品被弄坏了而十分难过和着急，由于自我为中心的思维方式，她开始责怪同伴。同时，她又不知所措，只好向老师求救，希望老师能帮她或告诉她该怎么办。可以看出，她完全没有意识到要自己解决问题，她所想到的是"我该怎么办"，而不是"我能怎么办"。对于发生的事情，我没有简单地作对与错的评价，而是将问题留给孩子，有意识地让他们尝试自己想办法解决或补救问题。问题得到解决了，两人之间的矛盾也就迎刃而解了。在这个过程中，我不是幼儿之间问题的解决者，而是幼儿解决问题的引导者。

【收获与反思】

《纲要》中提到："教师要成为幼儿学习活动的支持者、合作者、引导者。"在活动中教师就应找准自身的位置，抱着一种与幼儿共同探讨的态度，才能使活动顺利进行。美术活动的过程，不仅是幼儿如何学的过程，也是教师与幼儿互动的过程。这要求教师要有一双"慧眼"去捕捉幼儿的兴趣点，积极引导，共同创作。整个活动中，我没有用过多的语言去"教"幼儿，而是给他们提供充分想象的空间，让他们自由选择，自主活动，与他们共同创造、分享创作的快乐。

自由创作体验，走进孩子内心
——玩色坊观察案例与反思

观察时间：2020 年 6 月 2 日　　　　观察对象：筱筱、涛涛

地点：玩色坊涂鸦间

【观察背景】

幼儿园美术教育包括绘画、手工、美术欣赏三大内容，由于客观条件限制，长期以来，幼儿园美术教育一直以绘画为主、手工为辅，单独的美术欣赏活动几乎没有。《纲要》强调幼儿艺术教育对儿童自身的影响作用、对儿童发展的促进作用。在玩色坊活动中，幼儿可以根据自己的意愿进行涂鸦、水墨、线描、

扎染、折纸等多个形式的美术活动。

【观察目的】

孩子在工坊活动中能否突破日常美术教学的瓶颈，按照自己的想法或意愿，结合自己已有的生活经验来丰富与创作自己的作品。

【观察策略】

直接观察、定点观察。

【观察描述】

工坊活动中，孩子拿着手工纸，按自己的意愿折叠着。很快就有孩子折出了大象、小狗、青蛙，筱筱却依旧在"埋头苦干"。我好奇地走过去，发现筱筱正在折熊耳朵。她托着下巴想了想，把熊的耳朵左折折，右翻翻，最终，尖尖耳朵的熊完成了，她有点得意。这时，涛涛走了过来："不对，你的熊耳朵怎么是尖尖的？熊耳朵是圆圆的。"筱筱说："不对，故事里说熊竖起耳朵仔细听音乐。如果是圆耳朵，那怎么竖起来？"

【解读与分析】

1.孩子有自己的朴素想法

任何人都是用自己的眼睛看世界，孩子们也不例外。只是，他们有着不同于成人的观察方式、思维逻辑。如案例中，筱筱觉得尖耳朵才是竖起来仔细听的样子。

2.孩子有自己的表达方式

"自由创作的体验是任何其他体验所不能替代的，哪怕是不屑一顾的作品，也隐藏着孩子宣泄的快乐，注视形象变化的激动和创造的自豪。"小班的孩子，正处于自由创作期，案例中筱筱"尖耳朵才是竖起来仔细听的样子"的看法，是孩子们用自己的语言，诉说着他们的所见所闻、所思所想。

3.孩子有自己的活动价值

无论做什么，孩子们在意的是过程中的那份感觉和心情。案例中的筱筱，十分得意于自己的想法——一只尖耳朵的熊，她享受到了自主游戏本身的快乐。

【 收获与反思 】

1.怎样去看孩子

（1）视其所以。通过视觉、听觉、触觉等感官，仔细观察孩子的一举一动，微观描述孩子的活动，包括他们的表情。（2）观其所由。用我们的头脑去观察孩子的行为，分析该行为是否有共性特征，是否有行为动机和需要等。（3）察其所安。用心去体察孩子的情感态度，欣赏并学习他们的视角、思维、逻辑，分享他们的灵性和率真。

2.怎样看懂孩子

孩子们在用自己的语言诉说着他们对世界、事物的看法。他们的"语言"远比成人生动形象；他们的看法也比成人更有灵性；他们理解事物的本身时也更纯粹。"儿童是成人之父"，我们要做到"怀着崇拜，向孩子学习"，我们的主观推断一定要滞后于孩子的客观表现。只有这样，我们才能真正静下心来，捕捉孩子们的童心、童真，发现他们直观的思维方式、简单的逻辑关系。

3.怎样去做

（1）用精准而富有感情的话语说出我们的理解。案例中，我们回答"妙"来鼓励孩子的创新想法，让游戏中的孩子们感受到我们的理解。（2）用巧妙的策略引导发展。如：案例中，我们可以引导孩子与好朋友以共玩共画的方式，在玩的情境中巧妙地引导孩子探索"尖尖的熊耳朵和圆圆的熊耳朵"，让孩子的天性得以释放，内在潜力得以激活，最终获得自由而健康的成长。

情感在绘画作品中的表达
——美工区案例观察与反思

观察时间：2020 年 5 月 27 日　　　　观察对象：阳阳
地点：美工区

【观察背景】

在幼小孩子的心中，这个世界会是什么样子的呢？他们会把自己想做的、想说的，甚至有可能是说不出来、做不到的事情，统统通过绘画表现出来。随着幼儿年龄的增长和绘画技能的提高，我发现最近孩子在绘画过程中总喜欢创造出各种奇形怪状的事物或者用自己的方式来尝试和探索，而且会觉得很有满足感、成就感。

【观察目的】

幼儿在本次涂鸦活动中，如何利用绘画作品表达自己的情感或对食物的看法。

【观察策略】

随机观察，及时捕捉幼儿从语言、动作、表情中所发出的信息，了解这个信息所反映出的幼儿的行为动机、即时需要、意愿、困难和情绪体验，将其作为指导游戏的依据，以便把握干预的时机，有针对性地做出适宜的应答行为，以满足游戏的需要，推进其活动。

【观察描述】

在一次涂鸦活动中，我拿出小朋友从家中带来的蜗牛请他们观察，随后我又出示了一张小蜗牛的范画，说："今天老师带蜗牛出来散步，蜗牛可高兴了……"我边说着边示范蜗牛的绘画方法。接着我请孩子们也来动手画画小蜗牛，并要求他们在画面上添画背景来构建作品的情节，比如你带蜗牛来到了什么地方等等。他们都开始按照要求作画了。在指导过程中，我发现阳阳并没有按照我的提示在做，而是在画面上涂了一块褐色。一开始，我看了很不解，还用指责的语气说："阳阳，你这是做什么？你的小蜗牛呢？""老师，我的小蜗牛都躲到石头下面去了。""为什么小蜗牛要躲到石头下面去呀？"阳阳的想法引起了我的好奇心，接着他的回答我继续询问他。"因为小朋友们老是要去抓它、摇它，所以我叫它躲起来。"想不到阳阳的回答竟如此简单，但却是来自他的生活经验。

【解读与分析】

通过以上案例，我们可以看到在孩子的眼里，绘画世界和现实世界是同一回事，他们可以让自己生活到虚拟的世界中，也可以让虚拟世界中的美好事物满足自己的需要，而且孩子在绘画时把自己对事物的看法、自己的情感都融入到了作品里面。案例中的阳阳，虽然没像其他孩子一样按要求来画蜗牛，但是他有自己的思想，能够联系生活中小朋友们经常抓、摇小蜗牛的情形，替小蜗牛感到担心，他用自己的方式帮助小蜗牛，画一块石头叫小蜗牛赶快躲起来，这一块小小的石头表现出了孩子的善良、为他人着想的优良品德。在探索过程中，孩子也在不断地发挥想象、建构智慧。

【收获与反思】

1.情感在绘画作品中的表达。《纲要》中指出幼儿欣赏艺术作品要适应幼儿的知识、经验和心理发展的特点，他们喜欢贴近自己生活情趣、色彩鲜艳、画面清晰、生动活泼的艺术品。

绘画作品中的色彩情感表达与色彩情感的形成息息相关，通过色彩情感表达可以增加作品的感染力。而色彩情感表达具有一定局限性，所以绘画作品中的色彩情感表达虽然可以赋予作品生命，但只是绘画作品的重要元素之一。

2.关注孩子"做的过程"。"艺术化的教学"并不在于教授"艺术技巧"，不在于培养艺术家，恰恰是反其道而行，减少对作品结果的关注。通过观察艺术创作过程去理解发现孩子的内在状态。

3.对事物的看法在绘画作品中的表现。总的说来，看待一个孩子的绘画，除了技能上的评价以外，更重要的是要解读童心，去了解孩子的内心世界，因为美术不单单是美的一种表现方式，它在孩子身上更多的是用来表达思想、交流体验的方式。走近孩子，能使教师明白"和谐成长"的意义，从而真诚地、宽容地对待每个孩子的所思所想、所作所为，平心静气地去感受孩子、解读孩子。

有趣的手指点画
——基于美工坊涂鸦区观察案例分析

观察时间：2020 年 5 月 29 日　　　　观察对象：小宇
地点：美工区

【观察背景】

这个学期我们班的美工区进行了调整，小朋友第一次进入美工区，对各个区块及材料还不是很熟悉，还处于适应环境和学习技能这个阶段，所以他们目前也只会用一些简单的技能来完成作品。

【观察目的】

观察幼儿在操作过程中的熟练程度，对材料的选择及利用，以及遇到问题、处理问题的能力。

【观察策略】

本次用全程定点定人录视频的方法进行观察，以更好地了解该幼儿在整个过程中的发展水平，以便下次更好地为幼儿制订学习计划。

【观察描述】

小宇进入玩色区后，就开始"工作"了。只见他用右手的大拇指蘸足红色印泥在白纸上印指纹，大声地呼喊："哇，看我的指纹，是用我的大拇指印出来的哦！"这一幕吸引了旁边的小朋友，随即其他小朋友也都纷纷效仿，一场印指纹比赛开始了。你印一个，我印一个，很快一张纸就被印满了。突然，远远喊道："你们快来看呀，我印了一个旋涡，这是我变的大风，而且是龙卷风，它能把所有的房屋、车子、花草都吹翻。"另一个小朋友也惊喜地喊道："我印的这个是浪花，我们去海边玩，就会看到很多这样的浪花。"小朋友你一言我一语地介绍着自己的作品。小宇接着说："那今天我们来玩变魔术吧，把我们印出的指纹变成各种各样的东西吧！"所有的小朋友齐声说："好啊，好啊！"

于是，孩子们开始了他们的创作，自由表现，玩得不亦乐乎。然而，多数孩子在纸上印上一通指纹后，就不知所措，有的看着自己印好的指纹发呆，有的印好了就看着别人印，把自己的扔在了一边，还有的拿起勾线笔在指纹印上涂起颜色来。这时小宇说："我们怎么样才能让我们的指纹看上去更像一只蝴蝶呢？"小朋友们像受了启发一样，七嘴八舌地讨论起来，慢慢地他们就总结出来，可以通过添画的方式创作出了蝴蝶、小猫、小鸭、孔雀、小花、太阳等形象。

【解读与分析】

幼儿园绘画艺术教育活动是一种视觉艺术活动，是眼、脑、手共同参与的活动，幼儿在不断变化着的美术实践中，不断地感受美、探索美、创造美。从案例中，孩子已具备基本的绘画技能，能根据想象选择绘画内容，语言表述能力和社会交往能力都有了很大的进步，而且已学会自己思考并想办法解决困难。在孩子进行思考时，教师不参与是为了给幼儿提供充分的自主活动的机会，这样有助于幼儿独立性与自主性、合作性的培养。在这一过程中，幼儿的行为可以说是孩子日常活动的再现，积累孩子们一定的活动技能经验，展现出他们养成的良好规则意识，充分体现了幼儿美工活动的规则性。在幼儿自主表达创作过程中，不做过多干预或把自己的意愿强加给幼儿，在幼儿需要时再给予相应的帮助。

【收获与反思】

在幼儿初次接触这个活动时，教师应对幼儿进行手印想象画的相关经验的启发和诱导，可以通过观察图片引发幼儿思索、学习，提供丰富的便于幼儿取放的材料、工具或物品，支持幼儿进行自主绘画、手工等艺术。这些活动都为幼儿的创作提供了帮助，打下了一定的基础，从而避免孩子表现出的茫然、无措的状态。

"师徒结对"，深化幼儿合作能力

——基于纸艺坊活动背景下的案例故事

观察时间：2020年5月24日　　　　观察对象：懋懋、依依、遢遢等
地点：纸艺坊

【观察背景】

纸艺坊分为四个区块：纸贴区、纸编区、纸塑区、纸浆区。每个区块既有自己侧重的纸艺技能，也相互贯通。当进入纸艺坊自主选择区块进行工坊活动时，幼儿对区块内纸艺的各种技能不熟悉，使得其在创作时缺乏创新，使用纸艺技能比较单一。

自主是活动中必不可少的，技能也是必学的本领。在工坊活动中，四个区块两位老师，如果实行定点学习，人员更换的时间会消耗过程，且学多过于玩。如果一个班直接进入自由选择，则在玩中学习这一部分是缺乏的。

于是，在纸艺坊中投入了四个区块的"师徒结对"牌，以每个区块技能突出的幼儿带动其他幼儿进行工坊活动。

【观察目的】

幼儿的合作机会蕴含于纸艺坊的工坊活动中，以"师徒结对"这种情境机制来明确幼儿帮带任务，使得幼儿通过同伴之间进行问题解决和互助，产生有关于合作的更多经验。

【观察策略】

在案例中运用了讨论法，时刻将自己教师的身份改变为与幼儿园平等的身份，试着用讨论去了解他们的困惑和思考。还运用了角色法，"师徒结对"其实是将角色游戏融入工坊活动的一种方法，让孩子通过角色的扮演去激发他们的合作行为。

【 观察描述及分析解读 】

镜头一：

纸艺坊的"师徒结对"牌一出来，孩子们纷纷地取下板上的小牌子挂在自己脖子上。一会儿便出现了争吵的声音。懋懋跑过来和我说："老师，依依和遛遛在抢牌子！"我走了过去，看见依依和遛遛在抢一块师傅牌，原来大家都想当师傅，谁也不想当徒弟。于是我中和了一下，这一次让依依先来当，遛遛下一次当。矛盾总算解决了，工坊活动正式开始。很快我就发现，孩子们戴上的牌子毫无作用，大家还是像以往一样在自顾自地活动。

分析解读：

一方面，"师徒结对"牌，教师没有向幼儿明确班级中谁更适合当师傅，使得孩子争相都想当师傅。另一方面，幼儿对于师傅和徒弟的角色意识不明显，不知道拿到师傅牌时应该做些什么，拿到徒弟牌时应该学什么。

"师徒结对"牌的角色分配，应结合工坊每月之星活动，由每个区块的每月之星来当师傅，明确师傅和徒弟的角色意识，使得幼儿在工坊活动中创作意识更加具有积极性。

镜头二：

经过了每月之星作品的选拔，选出了本月的小师傅。进入工坊前，我和几位小师傅谈话，和他们说了应该如何把自己的技能教给徒弟们，帮助他们一起制作作品。工坊活动中，我发现春春在纸编区玩了会又到了纸塑区，小师傅格格赶紧跑到了他身边，给他拿了材料，积极地告诉他怎么做。春春把材料一推说"我不要做这个"。格格很生气地走开了。过了会儿，喆喆也进区了，格格又做了同样的对待，喆喆努力地按照她说的做，可是中途遇到了问题，格格却忙着做自己的作品，喆喆只好自己随便弄了几下又走开了。

分析解读：

孩子合作意识较薄弱，以自我为中心，虽然产生了合作，但是一旦有问题产生，合作的状态就会轻易被打破。格格在活动中和每个小徒弟的沟通过少，她将材料和步骤都灌输给了其他孩子，毫无商量的空间，春春和喆喆也是一个直接拒绝、一个沉默，而合作应是大家互相沟通、互相分工、互相配合。

拍摄一段工坊小视频，以此作为参照，与孩子进行活动后的谈话活动，再一次地明确师徒结对的意义：师傅不仅要把自己的纸艺技能教给徒弟，还要和徒弟们一起合作完成一幅大型作品。徒弟遇到的困难都可以寻求师傅的帮助，我对他们说得最多的一个词是"沟通"——把心里想的告诉对方。

⊕ **镜头三：**

在谈话活动后的几次工坊磨合中，孩子们关于师徒合作的意识越来越高，经验积累得越来越多。为了增进孩子们之间的交流，我设计了打分单，每次活动结束后，小师傅要针对每个徒弟的学习积极性、沟通、作品完成度打分，以此来记录每个徒弟的当次活动的表现。而小徒弟也拥有给小师傅打分的机会，小师傅今天帮助你了吗？帮助了你哪些？给这位小师傅打个分数。以这个打分单来激发孩子们合作、沟通去制作作品的积极性，能够去小结和反思活动中自己和他人的行为，为下一次活动积累更多的经验。

这天依依结束工坊活动，正写着打分单，一边写一边说着"彬彬今天做了七彩瓶，他不像上次贴的那么大，会把纸片撕得小小的，那我给他的分数高一点吧"。我静静地又转头看了彬彬的打分，轻轻地询问他写了什么，彬彬说："我觉得依依好厉害，她今天教我把书上的图案撕下来的方法，下次我还要跟她一起做！"

分析解读：

"师徒结对"模式缓解了幼儿四个区块打通活动时进区技能生疏的问题，每月之星活动更是助推幼儿积极地制作作品来完成自己成为小师傅的愿望。打分单在"师徒结对"的模式中，是幼儿在工坊活动后针对自己与他人的合作来进行自我的审视与反思。下一次他们对以强带弱、以长补短的小组合作工坊活动会产生自己的思考与进步的空间。

【收获与反思】

我们的收获：工作坊的流通性促成了"师徒结对"模式的产生。"师徒结对"模式下，幼儿利用角色牌和打分单来深化自我与他人的合作，将以强带弱、以长补短的合作优势发挥出来。幼儿能够去思考与他人交流和沟通的重要性，明白根据优势明确分工才能让作品更加完美地展示。

我们的改进：目前"师徒结对"模式一个区是两位师傅、六个徒弟，已经激发了幼儿的合作意识。在后续，我们应该思考如何将"师徒结对"模式继续深入，使之可以成为一对一或一对二模式，为班级与班级之间进行流通工坊活动定制一个模式，减少教师的高控，把玩与学都还给幼儿，让他们互相去提出—探索—解决问题，创造出属于他们的各种童趣作品。

聆听童声·变"寻常"为"特殊"
——对纸艺工作坊游戏中由材料引发生成活动的案例解析

观察时间：2020年5月17日　　　观察对象：点点、小毅、帆帆、QQ 等
地点：纸艺坊纸塑区

【观察背景】

纸艺工作坊根据纸的特性分成湿纸区和干纸区两大区域，让幼儿自主地选择材料，在"想想画画""剪剪玩玩""贴贴变变"中得到美的熏陶。纸艺工作坊的活动能发挥孩子们想象的空间，能挑选自己喜欢的材料进行自主的创造，能把自己对美的感受充分表现。在工作坊里，孩子们耐心、细致的良好个性品质得到提升，合作和交往能力得到发展。在幼儿与材料的互动过程中，我们会发现，孩子可能因为对材料本身感兴趣，而产生对材料内容的讨论，从而不按预设的方案去进行创造。

【观察目的】

1.抓住契机，帮助幼儿通过与材料的有效互动，自主创作并在互动中生成与建构。

2.鼓励幼儿采用尽可能多的方式来展示经验与成果，学会与同伴、教师一起分享获得不同的体验。

【观察策略】

随着活动的深入，幼儿在活动中也在思考，发现问题、提出疑问。我们时刻观察、关注幼儿在活动中的表现，并根据问题即时调整，以帮助幼儿进一步深入操作。而每次游戏由于观察的主题和重点不同，"路径"也有所不同。

1."伞状式"策略：教师以某一个幼儿的发现点为中心带动周围幼儿来实施

观察。新出现的主题或矛盾较多的小组是教师观察的中心或重点，教师对这个小组实施定点观察，同时对其他区域进行扫描观察，可以避免顾此失彼的现象发生。

2. "钟摆式"策略：教师以几个相关主题为观察重点，来回于既定的两三个小组之间实施定点或追踪观察，而对其他小组只是远距离扫描，这样教师可以较为详细地了解幼儿在相近经验游戏中的互动情况，为帮助幼儿提升、分享游戏经验做准备。

3. "卷地毯式"策略：教师对每个游戏区域都给予关注，巡回进行扫描或追踪观察。

【案例描述】

1.把握关键——抓住活动契机

花絮记录一：

在一次纸艺坊的纸塑活动中，一个小组的孩子们在商量之后，决定利用废旧报纸合作进行"小马"的塑形。当他们正把报纸撕成一小块一小块并娴熟地操作时，只有科科小朋友拿着报纸看了起来，引起了本组其他小朋友的好奇。于是，我来到孩子们的身边，想观察引起孩子们"好奇"的科科和几个小伙伴到底在干什么。由此引发的关于报纸的讨论开始了……

点点：我想知道为什么我们每个人看的报纸不一样？

小毅：为什么这些纸要叫作报纸？

帆帆：报纸是从什么地方来的？

点点：有些报纸是专门给爸爸看的。

梦梦：什么报纸是专门给爸爸看的呢？

QQ：只有爸爸才喜欢看这些报纸吗？

点点：不是的，其他人也看，但是爸爸最喜欢看。

浩浩：大人能看懂报纸，因为大人小的时候在学校学了很多的字。

科科：我们能看懂儿童报纸，有图画的报纸，还可以自己编呢！

分析解读：

报纸是生活中常见的东西，也是孩子们生活中熟悉的东西。因此，孩子们对"报纸"这一事物产生了浓厚的兴趣和一番争论，而没有按预定的设想去进行美术创造。在我们的生活中，任何事物都有可能引发幼儿的思考。当然任何幼儿都有自己的经验和兴趣、爱好，随时都会在动态的活动中以各种形式自然地表露出自己的经验和兴趣，由此引发生成活动，活动的主题可以生成在兴趣中、在热点中、在争议中。面对幼儿的游戏现场，我们则采取了"顺"的策略，既不介入，也不干预，而是以等待和观察为主，在必要时提供适宜的环境和材料，以满足幼儿的兴趣与活动开展的需要，促使游戏开展得有声有色。

从孩子们的表现说明他们对这个话题很感兴趣。报纸虽然是孩子们常见的东西，但它的主要表达方式是文字，孩子们明显缺乏相关的经验和能力，所以孩子们的问题主要是有关于报纸的来源、报纸的内容及作用。

2. 穿针引线，运用经验解答

花絮记录二：

经过几天的筹备，孩子们收集了各种各样的报纸，于是我们开展了一次看报活动。

活动开始后，孩子们三三两两地结伴，自由翻看起了报纸，边看边讨论着。其中有个片段比较有意思：

浩浩：我在报纸里看到我爸爸造的房子，是因为其他人觉得这个房子太好看了，就画上去了。

月月：不是的，只有新房子才能画上去。

阳阳：那我阿姨家的新房子也很漂亮，为什么不画上去呢？

点点：要全世界的人都喜欢这个房子才能画在报纸上。

浩浩：这是不可能的，有人喜欢红颜色，有的喜欢黄颜色，我自己就只喜欢蓝色，每个人喜欢的房子也是不一样的。

小毅：我觉得是印上去的。我在爸爸的公司里看到过，他们把一张白纸塞到一台机器里，然后按一下开关，就有纸从机器的中间出来，就可以看见和纸上一样的图案。

帆帆：报纸浸湿后，颜色变成灰的了，但是其他的字和图案都没有变，我们做的作品晾干后，报纸的图案也没有变化。所以我觉得报纸上的画不是画上去的。（大家表示赞同）

分析解读：

在片段里，一些孩子用已有的经验来解释爸爸造的房子为什么出现在报纸上，但显然得不到大家的认同。小毅用已有的复印经验来解释报纸上的字和画是怎么来的，其他孩子并没有进行反驳。显然，他们对印刷一无所知。老师的参与和讨论，让孩子产生了新的认识冲突，他们发现报纸上的字和画不是画上去的。那到底字、画是怎么来的呢？这使孩子们产生了对印刷的强烈探究兴趣。因而我们采取了"引"的策略，在观察个别幼儿的生成活动中，把握住幼儿待解决的问题，创设相适应的环境，帮助幼儿扫清游戏发展中的潜在障碍，使教育有的放矢。从报纸这个点出发，围绕幼儿提出的各种各样有关纸的问题来开展活动，同时也将幼儿的生成活动中有意义的个体经验引发为群体经验，将个别生成的活动引发为小组或集体的学。

我们鼓励幼儿通过各种形式搜集有关报纸的各种资料，因为，如果让幼儿直接找资料或询问家长得到答案，虽然大大缩短了幼儿自主探索的过程，但是孩子从中获得的反而比自主发现的要少。

3. 激活经验，推进思维进度

花絮记录三：

在进行纸塑粘贴时，孩子们选择的部分报纸放在水里并不会破掉，为此孩子们将问题"为什么有些报纸放在水里不会破掉"，作为他们的实验主题。

小毅一组的小伙伴很忙碌，他们做了很多准备工作，例如收集了大量的、各种类型的报纸，准备运用实验法来了解什么报纸放在水里是不会破掉的。孩子们将每种报纸撕下一小块，放在水里，用手戳点，把会破的和不会破的在记录纸上记录。我们发现：孩子们并没有根据纸质的不同来选择，看来他们并没有发现"纸质"和"会不会破"之间的关系。是否可以给孩子提供不同材料的报纸，让他们在与材料的交互作用中有所收获？

随着活动的进展，我们又开发了用纸来运水的游戏，一般的纸都是怕水的，要用纸来运水，对于孩子来说，既有挑战性，也有兴趣性，孩子们别提多高兴了。于是，我们一起准备了各种报纸，进行运水比赛。在这次活动中，孩子兴致勃勃，他们不去考虑纸的吸水性，也不去考虑如何才能更好地去运水，只是拿起一张纸就放到水中，舀起水就运，不是纸烂在水中，就是水洒得满地都是，真是热闹极了。不一会儿满地就都是水了，很容易滑倒，现场非常乱，水哗哗地漏着，但是孩子依旧沉迷其中。我在想，孩子们为什么会这样去运水呢？为什么和我想象的方法不太一样？我想的是孩子应该选择渗水慢的纸，折叠成容器，装上水去运，或者干脆改变纸的性质，运用辅助材料，可是孩子为什么没有想到呢？

分析解读：

在对孩子实验的观察中，我发现孩子的尝试与真正的实践之间存在很大的距离，但我们选择了等待。当生成活动流于表面时，教师就需要"推"一把幼儿，要成为幼儿生成活动的支持者，这也是教师相关的"支持"策略，不管什么策略都要随幼儿的变化而调整。

给幼儿时间与空间，让孩子逐步靠近正确的答案，从中获得宝贵的体验和经验。失败和成功，对孩子来讲一样重要。在活动中，对孩子的探究要有一个从"知其然"到"知其所以然"的推进。孩子们的探究往往会出现流于表面，难以深入和持续的情况，要敏感地意识到那些能推进孩子持续探究的节点，使活动得以深入和持续。而在这次活动中，最让我感动的是孩子们的那种探索精神和学习科学的态度，看到孩子们那专注的神情，那种成功后的欣喜，我在想，这个活动的目的达到了。

4.循序渐进，拓展想象空间

花絮记录四：

经过讨论，孩子们根据报纸生成了三个问题：

报纸的作用（主要问题）

阳阳：大家为什么看了报纸，还要看电视呢？

小毅：大家为什么每天都要看新的报纸？

报纸的种类

菲菲：为什么爸爸和妈妈看不一样的报纸？

小马：为什么大人和小孩的报纸不一样？

曦曦：为什么有些报纸放在水里不会化掉，而有些就会呢？

报纸的来源

月月：报纸上的颜色是从哪里来的？

浩浩：报纸是从哪里来的？

得到报纸的方式

序号	组　员	问　题	幼儿讨论选用方法
1	7、9、10※、11、20、21	到底有哪些报纸？	去报摊参观
2	2、3、5※、6、14、17	为什么大家每天都要看新的报纸？	去问一问爸爸妈妈
3	4、8、13※、15、18	大人的报纸和小孩的报纸到底哪里不一样？	看看报纸，比一比
4	1※、12、18、19	什么样的报纸放到水里不会化掉？	做实验

注：※ 代表所选的组长。

分析解读：

从提问中发现，问题涉及面比较广。活动开始之初，通过出示实物，直接进入主题，以激发幼儿的学习兴趣。考虑到幼儿对报纸的认识有限，特意提出了比较贴近幼儿的问题：家里谁最喜欢看报纸？为什么？这一问题的提出也就为下一个问题做铺垫。会有这样的安排是紧扣《指南》中"选择的教育内容体现幼儿全面和谐的要求，满足幼儿当前发展的最大利益，又能指向幼儿未来的方向，为终身发展打下良好的基础。而选择的教育内容应科学完整、准确，既贴近幼儿的生活，又有助于拓展幼儿的经验和视野"的要求。在幼儿各抒己见后，教师进行了总结概括，进一步帮助幼儿了解报纸与人们的关系，以耐心倾听、努力理解幼儿的想法与感受，支持、鼓励他们大胆探索与表达，作为活动开展的准则。

【收获与反思】

通过对活动中幼儿的观察，可以发现他们拥有自己独特的视角和认知方式，孩子们通过参与自主生成的活动，有了"自己是游戏的主人"的意识。材料作为美术教育的重要工具，是孩子们学习、创造的中介与桥梁，而运用孩子生活中熟悉的材料会使幼儿产生更浓烈的创作兴趣。因为"生活经验"是孩子创作的源泉，作为教师只有牢牢把握孩子的生活经验，才能通过美术活动真正让孩子体味生活的美，自由创造美。丰富的材料投放可以为幼儿的自主游戏提供前期的保障，但材料的选择对孩子是否适宜至关重要。

因此，我们对材料的理解是：操作的材料不一定非要现成的，更不能固定不变，孩子没法操作摆弄只能成为摆设的东西就失去了材料作为教育资源的价值。材料是活动的、变化的，是可塑造的，是可承载孩子的想象的。玩具的种类成千上万，但材料的可变、可操作性是吸引孩子长久游戏的重要因素。工作坊中的各种材料不仅丰富了幼儿活动的内容和形式，还可以激发出幼儿的对活动动机和活动构思，引起幼儿的活动联想和活动行动。

我的小人我做主
——基于纸艺坊纸塑区的案例分析

观察时间：2020 年 6 月 4 日　　　观察对象：小泽、小吉
地点：纸艺坊纸塑区

【观察背景】

在大班"我长大了"主题背景下，幼儿进入纸艺坊开始了主题背景下的工坊游戏活动。幼儿已有一定的纸艺坊游戏经验，因此在选择区块时都能很快地根据自己的兴趣，选择了喜欢的区块进行游戏。小泽和小吉商量好一起合作装饰纸塑区的瓶子小人，故事就这样开始了……

【观察目的】

纸塑区活动的流程比较复杂，每一步都需要幼儿经过一定时间的细致操作才能完成。本次观察的目的在于了解幼儿在纸塑瓶子的基础上，结合主题，对瓶子小人进行装饰时的一些行为表现，如其对装饰的兴趣度，是如何进行创意装饰的，以及幼幼合作的形式在纸塑区的开展效果等，以便更好地调整教师的指导策略，了解纸塑区材料的投放运用情况等。

【观察策略】

本次观察采用全程定点定人自然观察的方法，全程实录。通过重点观察法，重点关注幼儿在这一过程中的一些行为表现和语言交流情况。同时，运用比较观察法，感受两名幼儿在活动中的行为表现，分析幼儿不同的心理特征和能力情况，为观察评价做准备。

【观察描述】

小泽拿来一张粉红色的纸开始剪，想要给小人做一条项链。小吉一边用手比画出剪刀的样子，一边拿着粉色纸，沿着其短边做剪的样子，说："从这里剪。"小泽拉着纸说："不行，这样就太短了。"说着拿着纸要沿着长边剪。小吉拉着纸说："这样就太长了。"小泽把纸拉过来说："没关系，太长可以剪断，试试呗！"

小泽拿着剪刀开始剪，剪下一刀后，小吉说："你这样太细了。"小泽一边继续剪，一边说："就要这么细，不然怎么长呢！"小吉听了，拿过桌上的固体胶说："那我来粘。"他一边看着小泽剪，一边玩着手里的固体胶。小泽一边把纸拿起来剪，一边说："你要小心一点，不要又像上次一样粘手了。"小吉随即放下固体胶，笑着看小泽剪。小泽快剪到头时，笑着说："嘿嘿，怎么越剪越大了呀。"说着纸条剪下来了，掉在桌子上，小吉快速拿过纸条，将纸条围到了瓶子小人的脖子上，说："太长啦！"小泽一边要去拿纸条，一边说："让我剪，让我剪一下。"小吉把纸条藏在身后，向对面的幼儿借剪刀说："剪刀可以借我一下吗？"对面幼儿让他自己去拿，然后小吉就拿着纸条去工具间拿剪刀了，小泽也跟着去了。

小吉先把剪刀拿回来，从中间将纸条剪断，然后涂上固体胶，两只手合作将纸条围在小人的脖子处。但纸条在小人脖子处粘不住，小吉就直接在脖子上涂固体胶粘纸条。经过多次尝试，他粘好了，跟小泽说："噔噔，你看我的项链粘好了。"小泽回来后，随手拿起了桌子上一张小的橙色纸开始剪，偶尔被旁边的声音吸引，全程没有参与小吉粘项链的环节。在小吉说话后，小泽发出了"额……"的声音。

然后小吉一边拿过粉色纸，一边说："我们再做一个耳环怎么样？"小泽说："好啊！"两人分别拿着粉色纸的不同地方，开始剪。小泽说："要剪三角形的。"小吉说："看我剪的。"小吉是从纸的边上剪进去，剪两刀剪出一个三角形。小泽看了一眼小吉剪的，沿着粉色纸的角一刀就剪下了一个三角形，说："要剪角落里的。"说着又找了一张纸，一刀剪了一个三角形。小吉说："要剪得小一点的。"说着将自己剪好的小三角形在瓶子小人的耳朵处比了比，说："我们还是要剪一个红色的东西。"说着拿起面前的橘色纸，说："我们剪个橘色的好不好？"

小泽没回应，继续剪着粉色的纸。小吉按照自己的方式剪橘色的纸，剪下后又在瓶子小人耳朵处比了比，说："像这样的耳环，我觉得可以这样把它贴上去。"小泽不说话。小吉又开始剪三角形，剪完后，把两个三角形放在桌面上进行比较，拿起固体胶，将两个三角形贴在小人的耳朵处，说："你看，这样就好看了。"小泽摆弄着自己剪的三角形，说："我去拿一下固体胶。"然后就跑去工具间了。

【解读与分析】

此片段中的幼儿始终围绕着"装饰"这一情境在进行游戏活动，在多次去工具间拿材料后注意力仍然在自己的活动中，受外界因素影响小，同时在相对比较嘈杂的环境中，仍能专注于自己的活动，表现出较好的专注性。整个案例中，小吉和小泽都表现出了较好的语言沟通和表达的能力。小泽的"试试呗"，小吉的多次主动与小泽沟通，与小泽一起分享自己装饰的成果，都表现出较好的同伴游戏的氛围。

案例中的小吉从刚开始的在旁边看小泽剪，到后来的自己独立剪，给瓶子小人装饰"项链""耳环"等，体现了其较高的自主性和熟练的操作技能。游戏中能与同伴友好相处，经常使用商量和询问的语气，让同伴一起参与。充分运用了剪一剪、比一比、试一试的方法，将瓶子小人装饰出了自己喜欢的样子，也体现了其科学方法运用的成熟度。

【收获与反思】

小泽在小吉拿走纸条项链进行装饰时，并没有跟小吉一起装饰，而是自己拿着橘色的纸剪了起来，想要剪出其他的项链。同时在剪三角形的过程中不断从大到小地进行修剪，体现了其专注的探索和钻研的精神。在小吉拿走自己剪下的"项链"进行装饰后，他也没有跟同伴起冲突，而是自己钻研新的方法和图形，体现了其良好的社会性品质。

我与幼儿园的故事

——你好幼儿园，再见幼儿园

观察时间: 6月23日　　　　**观察对象:** 大班部分幼儿
地点: 纸艺坊

【观察背景】

　　时间像小马车，孩子们坐着小马车在幼儿园驶过三年的快乐时光，从一个咿呀学语的三岁幼童，长成了一个勇于担当、活泼可爱的六岁孩童，那里是成长的第一个台阶，是快乐和幸福的家！孩子们即将告别幼儿园，离开三年来朝夕相处的老师和小伙伴们，即将要从充满欢声笑语的幼儿园毕业，进入到遍布琅琅读书声的小学校园，多么舍不得啊！但是妈妈告诉我们，小鸟在一天天长大，它终究有一天要高飞，我们也一天天在成长，也不得不离开心爱的幼儿园，飞到更广阔的天空。千言万语汇成一句话: 谢谢老师！谢谢幼儿园！离园的气氛越来越浓，孩子们带着对小学的期盼、对幼儿园的留恋，在工坊中进行了一系列的活动。

【观察目的】

　　结合孩子对幼儿园的留恋及对小学的盼望，在工坊游戏中依托工坊材料进行特色的作品制作。

【观察策略】

　　客观真实地观察，适时地介入与指导。

【观察描述及分析解读】

　　◎ **镜头一:**

　　活动开始前，为孩子提供了创作的灵感，结合幼儿园建筑特色，即城堡及方形建筑为孩子提供创作的元素。在纸贴区结合各种颜色的彩纸进行撕贴装饰幼儿园的建筑，烘托幼儿园的特色。活动开始了，孩子们根据自己的喜好分成了两组，分别进行两个幼儿园的装饰，大部分的幼儿纷纷表示喜欢小班的城堡幼儿园，想要把这个幼儿园装饰一新。另一组的幼儿在谈话中渗透出对现在的幼儿园的强烈喜爱，想要装点现在的幼儿园。从孩子的兴趣点入手，更容易帮助孩子进行创作。结合原本掌握的技能，A、B两组孩子根据自己需要的形状及装饰的区块进行了撕纸。A组的孩子传来争吵的声音——"你为什么要用黑色的？城堡就应该是五颜六色的，黑色的太难看了！"于是我介入了孩子的创作中。"小B为什么用黑色呢？""我最喜欢黑色了。""原来你最喜欢黑色呀，但是老师想问你，在幼儿园的生活你过得开心吗？""很开心呀，每天都有很多的小朋友可以和我一起玩耍。""你那么开心，如果让你用画表现出来，你会用到什么颜色呢？""各种五颜六色的颜色，像彩虹的颜色一样，对哦，我们应该用很多颜色来装饰这个幼儿园。"在我的指导和语言引导下，孩子们都投入到了活动中，并且选择了一些比较亮丽的颜色进行了城堡的装饰，这个充满色彩的城堡是他们在幼儿园美好生活的诠释。

镜头二：

B组幼儿的纸贴装饰正井然有序地进行着。他们边装饰边讨论着："幼儿园有我们很多美好的回忆，我喜欢在操场上骑自行车，在滑梯上玩耍，在涂鸦区创作，在小农场种植蔬菜，在爬网区勇敢地爬网……"他们纷纷拿出了画笔，将自己内心的美好回忆画在了幼儿园的每一个角落，并利用色彩鲜艳的彩纸将他们的回忆装点起来。渐渐地，整个画面变得温馨且充满童趣。

镜头三：

离园的时间越来越近，孩子们对幼儿园里的一切都是那么不舍，有很多的美好回忆想用作品的形式表达。结合这点，我们开展了"再见幼儿园"的主题活动，结合园内纸艺坊的特色环境，利用衍纸及纸编进行明信片的制作和设计。工坊活动开始前，给予表达的材料，孩子们通过书写的形式使自己内心的话语跃然纸上，并通过小剧场的方式把这些内容和身边的人进行了分享。但是孩子们还是觉得这些话语并不能直接有效地把自己的感情表达出来，他们决定制作一些礼物，赠送给自己最好的朋友。小A和小B是好朋友，相互诉说着彼此的留恋，他们决定利用衍纸制作明信片和书签。小A说"我想要做一颗爱心，这爱心里我会写上对老师说的话。"小B说"我只想做一朵小花，我最喜欢幼儿园的小花了，然后把这个小花的明信片送给我的好朋友。"交流表达了内心的想法后，两个孩子到材料区开始挑选材料，他们选择了一些色彩亮丽的衍纸并进行制作。

分析解读：

"留恋"这个词对于孩子来说还是有点陌生的，在创作中还是有很多孩子不明确自己创作的目标，只会依样根据自己的喜好模仿别人进行创作。面对这样的问题，教师可以通过适当的指导帮助孩子，使作品的效果更完美。为了让孩子更了解，在工坊游戏开展的过程中，我们需要用不同的方式去刺激孩子，不停地刺激、不停地强化孩子对幼儿园的留恋。在制作中，有些孩子目的性不明，不知道自己应该做什么，老师就应该从每个孩子的特殊性入手，有针对性地介入指导。

在镜头三这个活动前，我们和孩子进行了讨论，孩子们一致觉得可以为老师和别的小朋友留下一些有趣的话语和图像，可以以毕业明信片的形式进行表达。兴趣是最好的老师，一个好的氛围烘托，一个好的兴趣切入，让我们的孩子变得更加灵动，变得充满智慧，并且结合我园特有的工坊文化，依托多种创作的形式，帮助幼儿更好地表达呈现自己的内心世界。

【收获与反思】

在主题活动的开展中，选择孩子感兴趣的东西能更有效地开展活动，帮助幼儿提升原有的经验。工坊活动作为原来富有特色的活动，能让幼儿玩在其中，学在其中。在之后的主题活动中，我们可以结合主题，选择可以开展延伸活动的工坊进行有效的经验和能力的提升。

幼儿学习品质中计划性培养的活动策略初探
——纸艺坊活动背景下的案例

观察时间：2020 年 5 月 28 日　　观察对象：在纸艺坊活动的幼儿
地点：纸艺坊

【观察背景】

我们纸艺坊分成干、湿两大部分。干纸区里有纸贴区和纸编区两个区域，湿纸区分成纸塑区和纸浆区两个区域。每个区域里都有不同的纸艺技能，初次进入纸艺坊的幼儿都会对这些技能产生兴趣，从而去尝试操作。但是单一地学习某一个技能并不能让幼儿对这个技能进行深入挖掘或者融会贯通，那么我们就需要对这些学习过程进行计划性的培养。

计划性培养是当前《指南》中提出的学习品质培养的一个不可或缺的方面，对于即将上小学的大班幼儿而言，学习和做事的计划性、坚持性等学习品质的培养显得特别重要。在日常游戏中体验，坚持不懈地渗透计划性的培养。《指南》的精神强调了"儿童是在生活和游戏中学习"的教育理念。幼儿园是幼儿生活的重要场所，教师可以利用一日活动中的各个游戏环节为幼儿计划性的培养创造机会，有意识地将计划性培养渗透于幼儿的活动体验中。

【观察目的】

投入设计稿，发起班本化课程。

【观察策略】

1.同伴示范策略：同伴习得是幼儿获得发展的重要途径。幼儿能力发展有差异，个别能力强的幼儿稍加点拨，就能产生较高水平的想法和行为。引导这些幼儿向同伴展示交流自己的活动计划，能激发他们的自信，使他们以更大热情的投入到探究活动之中。更重要的是能发挥示范作用，让能力较差的幼儿在学习模仿中获得进步。

2.多重表征策略：幼儿计划的内容一般包括准备做什么、怎么做、在哪做、和谁一起做等等。清晰的表征计划能有效促进幼儿对活动计划进行思考，能使幼儿在计划形成的过程中逐步完善和丰富自己的计划，使活动的目的性更强，并更加关注计划的实现情况。因此，帮助幼儿准确地表征计划非常重要。计划的表征方式一般有以下几种：

（1）语言表达。教师可通过提问、鼓励等方法引发幼儿用语言表达他们的活动计划。如果幼儿说的计划内容不完整，教师要有意识地加以追问，促使幼儿对自己的计划更加具体化，帮助幼儿制订完备周全的计划，以便于后期的执行。

（2）绘画。用图画表达自己的思想，是幼儿常用的方法。幼儿可将自己的探究行为及可能出现的结果用绘画的方式表达出来。同时还可以鼓励幼儿和老师、同伴交流，讲述自己的计划。教师在必要时要提供帮助，用文字记录和说明。大班幼儿已具有初步的抽象概括能力，教师可以引导他们运用符号和标记来表征。

（3）动作。当幼儿用语言和图画的方式不能清楚地表述自己的想法时，教师可以提示他们用动作来表达。

（4）实物演示。有时候幼儿会在教师提问后直接跑到活动区将要用的材料拿来给教师看，虽然嘴里一个字也不说，但这能表明幼儿对活动已经有了自己的预期和想法。因此，教师可以让幼儿通过实物演示来说明自己的想法。

【观察描述及分析解读】

◎ 镜头一：投入设计稿

初次进入纸艺坊，教师会告诉幼儿把要设计的作品先画在设计稿上，让幼儿有计划地去设计作品，并按设计稿去采集各种所需的材料进行打样，每完成一步后在进度框里进行打钩确认，理清步骤，高效完成计划。

依依在纸贴区中设计了一个彩色的花瓶，设计稿上的花瓶颜色是7种颜色有序排列的。打样中我发现依依在认真地找齐她设计的7种颜色，然后依次进行粘贴，刚开始都是按照她计划的颜色顺序进行排列，到瓶子中间部分她不小心把几片颜色排序排错了，当发现的时候已经粘牢了撕不下来了，她很苦恼，于是向对面的可可求助，可可也来帮忙一起撕，发现即使是撕掉了，也会留一部分在上面，就更难看了。于是可可想了个办法，和依依说不如将错就错，按照新的规律排下去，依依也同意了这个方案。等作品完成后，我们进入评价环节，依依主动告诉老师，自己的作品有一点问题，和设计稿没有对上版。

分析解读：

从依依告诉老师自己没有对上版的情况来看，她已经是有计划性的意识了，这一点是我们设计稿投入所需要的效果，应该给予肯定和表扬。在这里我们还发现了一个环节就是，依依在自己出现了问题时，有寻求同伴或者是觉得比自己能力强的同伴进行求助，有合作的品质，我们也应当进行放大和表扬。

◎ 镜头二：发起班本化课程

传统的教学往往是以老师为主体，告诉幼儿当前课时学什么、做什么和怎么做，活动中常常存在幼儿的"低效学习"。教师不仅要看到幼儿在区域里"有事可做"，更要关注幼儿是否获得经验的生长，所以我们可以尝试发起一次综合班本化课程。幼儿计划的内容可以包括准备做什么、怎么做、在哪做、和谁一起做等等。

我们发起一次走进小学的班本化课程，提出了以下一些问题：关于小学，你是怎么想的？你幻想的小学是怎么样的？你理想中小学的一天是怎样的？成为一名小学生要做什么准备？还有云参观小学大讨论、我的参观日记、班级"问题书"的部分。

分析解读：

经过一系列的调查和统计，提炼出了很多有趣的内容，同时大家把很多好奇的问题都写入了"问题书"，比如小学有午睡吗？小学怎么吃午饭？小学老师是怎么样的？幼儿们可以带着问题有计划地去云参观小学，并解决内心的疑惑，不断提升教学效果。

【收获与反思】

学会做计划是学习品质的一部分，也是做好儿童入学准备的重要工作之一。基于幼儿的发展序列，教师有意识地引导大班幼儿学习如何做计划、实施计划，并反思计划，可以引发幼儿在区域中主动探究和深度学习。

"纸"间缤纷，趣味成长

——班级美工区的案例故事

观察时间：2020年5月15日　　　　观察对象：大班部分幼儿

地点：美工区

【观察背景】

以主题活动为背景，结合班级美工区的活动，我们开展了以"纸"为主要材料的相关活动，在主题活动"七色花"中，故事带来的神奇感受，让幼儿对这朵七色花有了丰富的想象力，故事赋予了七色花强大的力量，让幼儿内心充满了想拥有这样一朵神奇的花的欲望；出于这样的本意，教师提问幼儿，我们可以用什么方式来拥有这样神奇的花朵呢？大部分幼儿认为可以自己来制作。于是，幼儿将在班级美工区开始创作属于自己的那一朵神奇且美丽的七色花。

【观察目的】

以七色花为载体，用一些小故事的形式，通过形象的描述，带领幼儿认识世界，让幼儿懂得故事里隐藏的道理。最后，通过自主制作七色花的活动形式，让幼儿既能更深入地理解故事，同时也能获得相关制作技能的提升。

【观察策略】

利用观察法真实还原事件的经过，并观察幼儿的行为。

【观察描述】

在今天的美工区活动中，根据主题活动的内容，孩子们需要用纸浆制作"美丽的花"。培培和楚楚的目的很明确，一开始就去拿来了白纸，又去储物架取来了记号笔，思考了一小会儿，动手画了起来。几分钟的时间，培培首先画好了花的轮廓，去储物架取来了彩色笔，进行涂色；同时，楚楚也画好了，也去取来彩色笔进行涂色；差不多又过了十几分钟，她们俩的设计图纸先后完成了。由于是第一次尝试用纸浆制作，而且是需要脱离模具的使用，她们显得手足无措，不停地问我："沈老师，怎么做？"于是，我取了一小团红色的纸浆，也示意她们取了一团，引导着放在手心搓，搓成圆球，放在一次性盘中，轻轻用手压，"花心"便制作完成了，培培与楚楚一直跟着我的思路在操作；花瓣的制作我只是用语言提示了一下，便让两个孩子自由发挥。在制作中，两个孩子进行了语言的交流，讨论了花瓣的形状及颜色，并最终决定用什么形状来表现花瓣，包括花的叶子。

【解读与分析】

在之前的几次纸浆制作中，孩子们仅仅是用了现成的模具在进行操作，喜欢什么形状就用什么形状，图画也是按照轮廓描画出来，然后涂上喜欢的颜色，取来相应颜色的纸浆，放入模具中，使劲按压，直至整个模具被纸浆填充得非常结实，最后轻轻地取下来，但要保证整个形状不会碎掉。而在本次操作中，两个孩子完全脱离了模具的使用，只有老师在前面的一小段引导，点到即止。花心完成后，花瓣的制作需要她们用自己的想象力去创作，我只告诉了她们一个"中心点"，就是一个大圆和几个小圆之间的联系，由于比较了解这两个孩子，她们思路清晰，操作性较强，因此，非常有必要放手让她们自己去发挥。

【收获与反思】

探索性纸艺活动的特点是更多地关注活动的过程，关注幼儿在活动过程中的独立意识、参与意识、合作意识、克服困难的能力、知识的迁移等综合能力的锻炼。与陈鹤琴先生说的"应该把各领域打成一片，并以幼儿熟悉的生活环境——'自然'和'社会'为课程中心组织起来，实施'整个教学法'"不谋而合。我们在研究的过程中发现这也是受幼儿欢迎的、顺应幼儿发展的一种活动。如"影子在纸上的舞蹈"这一活动，教师、孩子一起合作，捕捉自己的影子在纸上的变化，并用剪、贴、撕、画等方法进行记录，让幼儿在活动中进一步感受纸的特质，积累相关的经验。

巧手童心，纸艺飞扬

——创意纸浆画的故事

观察时间：2020 年 5 月 14 日　　　观察对象：中五班孩子

地点：美工区

【观察背景】

《纲要》中指出：幼儿园教育应尊重幼儿身心发展的规律和学习特点，充分关注幼儿的经验，引导幼儿在生活和活动中生动、活泼、主动地学习。幼儿的学习是以直接经验为基础，在游戏和日常生活中进行的。我们要珍视游戏和生活的独特价值，创设丰富的教育环境，合理安排一日生活，最大限度地支持和满足幼儿通过直接感知、实际操作和亲身体验获取经验的需要，让幼儿自主参与、主动学习、探索，成为生活、学习、游戏的主人。因此，我们展开了班级区域自主活动。

【观察目的】

培养幼儿良好的主动性学习品质和创造性学习品质。

【观察策略】

关键事件记录、视频记录、孩子的设计稿记录、相册。

【观察描述】

早上班级区域开放的时间到了，几个孩子自主选择来到美工区。看，他们从水桶架上拿起小水桶到取水池中取水，自由结伴开始制作原浆。三个男孩和两个女孩围在了白色塑料筐边，边搓纸浆边聊着："呵呵，我搓着变成了个面团，好滑呀！""我们要超过他们，第一个去做纸浆画去。""你们别这样，这样永远都搅不碎，看。"说着，两只手将纸团分成一小片一小片，再用手臂在水中搅拌。大家看着一张大的卫生纸渐渐地融入水中，也伸出了手臂搅拌起来。

几分钟过去了，其他组的孩子还在继续两手揉搓、撕碎、搅拌，围在塑料筐边上的孩子已经开始捞起卫生纸并进行拧干了，两个男孩和两个女孩有说有笑的："哎，有点像包子。""看，我的有点像小球球。""我想用这个做坦克。"只有阳阳一直用两只手在塑料筐里不停地寻找卫生纸，捞起来放在右手的手心里，左手握紧捏一捏再放开压一压，再捏一捏压一压，重复三次后觉得可以了便放进了小桶中。六分钟过去了，瑶瑶对重重说："我们等会儿合作怎么样？"重重同意了他的请求，阳阳立刻说："我也跟你们合作。"说完，拎起身边的小桶走了过去，把自己桶里拧干的卫生纸浆放进去。刚放入，手在里面捏了捏，他说："你们的太湿了。"便伸进一只手把桶里的纸浆团一个一个地拿出来，重复捏一捏压一压再放进桶里的动作。旁边的两个女孩看了看自己桶里的纸浆，抬头看着男孩们说："我们也跟你们合作吧。"说完拎着桶过去了。重重放下寻找到的材料，右手伸进小桶去抓纸浆，抓出来一看，发现抓得不够，皱了一下眉头，"咚"的一声，右手重重地抓了下去，拿起来看了一下，头一歪，"哎呀"一声，把纸浆又扔了回去。接着两只手在桶里甩了甩，把两只袖子拉了上去，再把两只手一起伸进了桶里，拿出来时两只手是抓得满满的。看着差不多了，重重一边笑着一边挤着纸浆。只见他一边挤，一边眼睛看手的下面，看到纸浆没有水滴下了，左手从旁边拿起竹筒，右手把纸浆"啪"地按了上去。正当他得意之时，纸浆掉了下来。"怎么回事？"他自言自语说。"是你的纸浆太大太重了，要轻一点少一点才好。"对面的瑶瑶说。重重看了一眼瑶瑶和他的作品，把这团纸浆放回了桶里，又从桶里取出了一小撮紫色纸浆，轻轻地用大拇指按了上去，就这样一撮又一撮，小手不停地忙碌着……15分钟过去了，他的脸上终于露出了笑容："瑶瑶，你看你看，我的小树比你的坦克要漂亮吧。"

【解读与分析】

纸浆画是我园的特色美术，制作过程也是幼儿喜欢的。每次班级区域活动中幼儿交替相互学习，从中体验乐趣，学习特色美术，提高自己的美感。立体化的制作和平板制作的区别在于平板制作比较简单，立体需要幼儿竖直制作，也增大了制作时的难度，但大班幼儿协调操作比较好，制作出来的成品很有美感。纸浆画是以纸浆为主要材料创作的工艺美术作品，颜色鲜艳，并具有浮雕效果，可以在木、瓷、玻璃、石、纸等多种材料上绘制，干后即可成品。制作纸浆画是一种充满童趣的活动。即将升入大班的孩子们，动作更加灵敏，反应也快，喜欢探索周围的事物，求知欲旺盛，所以对纸浆画感兴趣。幼儿想象有意性水平的提高，需要更大的表达与创作的空间。他们在一项活动中的持久性、目的性和专注性也都有了比较明显的提高。

【收获与反思】

在幼儿活动中，教师的支持回应不仅能帮助幼儿消除障碍、解决困难，还能促进幼儿朝着更高水平发展。鉴于此，我从以下几个方面支持小雨的学习与发展：

1. 精神环境的支持：充分肯定小雨在活动中表现出来的专注、努力、自信和不怕输的精神，并让小雨向班里其他小朋友讲述制作纸浆画的技巧，让他在体验成功的同时也能进一步提高自己的自信心，激发其进一步探究和学习的内驱力，鼓励其他幼儿学习小雨的学习品质。

2. 同伴资源的支持：把制作纸浆画兴趣投射到全班幼儿，并在同伴中寻找更好的制作技巧。

3. 材料投放：根据孩子的兴趣，教师要继续投放能拓宽孩子思路的低结构材料，如废旧的易拉罐、旧木板、废旧的靴子等，用来支持幼儿的绘画。

探索童心世界，"纸"想和你玩
——班级美工区案例分析

观察时间：2020 年 6 月 22 日　　　　观察对象：妙妙

地点：美工区

【观察背景】

《纲要》明确要求："幼儿园应为幼儿提供健康、丰富的生活和活动环境，满足他们多方面发展的需求，使他们在快乐的童年生活中获得有益于身心发展的经验。"小朋友们在学习的过程中，了解纸的作用，在每一次的制作过程中不断探索，不断发现问题、解决问题，参与其中并乐在其中。在实施的过程中，创设恰当的环境，提供适当的材料，也能激发起幼儿操作、游戏的兴趣，在开发幼儿智力、促进幼儿个性发展等方面具有不可低估的教育作用。

【观察目的】

　　1.学习制作纸浆的步骤，激发对纸浆画的兴趣。

　　2.培养动手能力，发展想象力和创造能力。

　　3.体验活动的乐趣，培养合作意识。

　　4.在想象创作过程中能用简单的材料装饰，体验成功的乐趣。

　　5.能展开丰富的想象，大胆自信地向同伴介绍自己的作品。

【观察策略】

　　我们的纸浆画活动不是孤立进行的，而是与主题活动有机融合、相辅相成的，让幼儿在参与主题活动的过程中潜移默化地进行纸浆画活动。

　　在设置的纸浆画活动区里，根据主题及不同水平幼儿的需求，提供了成品、半成品及自然材料等大量材料，方便幼儿自主探索。

　　改变了"教师示范，幼儿模仿"的传统模式，鼓励幼儿自主尝试、探索，发展其想象力、创造力，同时让他们真正体会到创造性劳动的愉悦，享受到成功的乐趣。

　　在活动中，根据活动目标、内容为幼儿创设了丰富的物质环境，提供了必要的时间、空间。在服装创作前，先带幼儿到自然界和生活中去感受和体验，丰富他们的视觉，加深他们对事物的感性认识；同时提供各种不同的辅助材料，这不仅能满足孩子的兴趣和表现需要，而且有利于他们在探索中获得独立学习的经验。

　　◉ **镜头一：**

　　妙妙在美工区用纸浆制作了一个漂亮的娃娃。首先，她在小桌上进行设计，设计完成后拿了做纸浆的工具。她在工具间拿来一块薄布，将小碎纸拧干，放入透明盒子里，再放进纸浆，进行揉搓，在原浆中放入颜料，再次进行揉搓。等颜料调匀后，来到制作区打造。

　　分析解读：

　　瓦片上面做纸浆对于妙妙来说，已经了如指掌了，是否可以尝试一下立体制作？

　　◉ **镜头二：**

　　基于妙妙已经可以做出平面纸浆的基础，引导她尝试立体纸浆。她先用广告纸揉出两个团，再用纸胶把纸团包成圆形当作脑袋，然后又用广告纸搓成两根细棍做娃娃的脚，最后把这些部位连接在一起。等造型完成后，再拿纸浆和镊子小心翼翼地在小人外层贴上纸浆。

分析解读：

孩子对于各种材料的操作和主要用途还是了解的，但是在具体操作中，对于所选择材料的适用性还需要斟酌，如用广告纸揉团，广告纸比较硬，揉出来的团会有棱角，不够圆润。在以后选材时，可以根据需要选择一些相对比较柔软的纸（报纸等）。在使用纸胶时，发现孩子只是随意地绕一圈，纸胶没有发挥其真正的作用，教师可以引导幼儿发现纸胶的各种作用，如固定、塑形等。

【收获与反思】

这次我们尝试将纸浆立体化，使用我们常看见的广告纸，通过幼儿的创造想象将纸浆展示出来，幼儿从中体验乐趣。立体化的制作和平板制作的区别在于平板制作是简单的，立体需要幼儿竖直制作，也增大了制作的难度，但大班幼儿协调操作比较好，制作出来的成品美感也很高。

抓住幼儿美术活动中的闪光点
——培养幼儿创造性思维

观察时间：2020 年 5 月 22 日   观察对象：贝贝
地点：美工区

【观察背景】

创新要从娃娃抓起，创新需要智慧的火花，这个火花产生的途径是创造性思维，因而如何培养儿童的创造性思维十分重要。多年来，我们在幼儿园教育中推行纸艺活动，通过对纸品的撕、剪、染、折、搓等纸艺探索活动，多角度培养和训练幼儿的创造性思维。

为了培养幼儿的创造性思维，我们开展了美工区的活动，所有孩子进入美工区，根据自己的兴趣选择创作对象进行工作。

【观察目的】

我作为一个观察者也进入了美工区。因此，在纸艺活动内容的选择和设计、材料工具的选择和投放、作品创设上等，都要注意观察孩子，发现来自孩子的需要，正确地衡量孩子的能力，不断反思调整。俗话说 "十年磨一剑"，在纸艺活动中同样需要教师有这样的精神，这样才能使纸艺活动的开展适应孩子的发展，真正激发幼儿对纸艺活动的更多新发现，在活动中培养创造性思维。

【观察策略】

追踪观察法：自始至终地观察了贝贝的整个区域活动过程，从而发现贝贝的创造性思维。

定点观察法：通过观察贝贝制作书包的过程，细致地进行分析。

【观察描述】

孩子们进入区域后，先会思考制作内容。贝贝先是去拿来了白纸和黑笔。进行短暂的思考后，她开始在白纸上设计。先是一个拱门的形状，再把边线加粗，边上加上了两条背带。没一会儿，一个小书包的形象出现在了纸上。原来贝贝的设计内容是小书包。黑笔描好书包后，她开始按照自己喜欢的颜色进行填充。很快，贝贝的彩色书包完成了。她画好后，看了看书包的整体形象，开心地笑了笑，对自己的设计很满意。

设计好书包后，接下来需要做什么呢？贝贝思考着，又有点苦恼。接着，她站起来，走了一圈，走到材料柜边上，看了一圈，嘟起嘴巴。"没有诶。"贝贝自言自语道。我走过去，询问："贝贝，你遇到困难了吗？需要我帮助吗？""我想找个做书包的模型，可是没有找到。""这样啊，那我们可不可以找两个长方形，一个小的，一个大的，然后外面厚厚包裹住？"贝贝想了想，终于开心地笑了起来："原来，还可以这样啊，好神奇！""有些时候不一定能够找到需要的东西，但是我们换一个思考方式，也是可以得到需要的东西的哦！"接着，贝贝找到了需要的长方形，把它们固定在一起，可是，怎么牢牢地固定呢？贝贝先是用固体胶连接，可是好像不牢固。那怎么办呢？她又一次来到材料柜，看到了黏胶带，好像这个会更牢固呢，于是回去试了下，"真的呢！"贝贝笑了出来。接着她拿来了报纸，把两个长方形厚厚地包裹了起来。这一次，贝贝毫不犹豫地选择了胶带。书包的包体成功地完成了，这是在提醒后，贝贝独立完成的结果。

接下来就是背带环节了。一开始贝贝也有点苦恼。这个背带选择什么材料制作呢？后来贝贝选择了报纸，把报纸多折几遍，就形成了。完成之后，贝贝的积极性更高了，只见她认真地翻动着自己的小手，脸上也乐呵呵的，没一会儿，两个背带完成了。怎么粘到包体上呢？贝贝把背带按在书包上，不停地改变方式，接触面积不太够，容易掉下来，那怎么办呢？

突然贝贝想到，把背带的一截贴在包体上，这样就可以了！很快，书包模型完成了，这是贝贝用创造性思维思考的结果，真为她感到高兴！

【解读与分析】

通过这一次的观察，我深切体会到创造性思维带来的好处。实践证明，幼儿通过美工活动，其有意注意的时间延长了，观察事物的能力也得到了相应的提高。在成人看似不成材料的废纸上，幼儿会巧妙安排，合理利用，也提升了幼儿的创造性思维。其实通过不同的方式，都能带给幼儿各种创造性思维的提升。

总之，纸艺的美工活动，可以促进幼儿想象力和创造力的发展。他们不用笔勾线，全凭自己的想象发挥，极大地发展了自身的创造性。这一次的缤纷纸艺，教会了幼儿用心灵感受生活的美，用双手创造生活的美，促进了幼儿全面和谐的发展。

【收获与反思】

1. 撕出思维的基础

思维不会凭空产生，创造性思维更加需要一定的物质载体，纸艺活动的物质资源是各种不同的纸张，了解各种纸张的特质是纸艺活动的基本环节。我们准备各种各样的纸张，让孩子们了解各种纸张的特性，通过对纸张的撕拉，孩子们既锻炼了体力，也借此了解了各种纸张的可撕性。进行一段时间后，安排孩子们按照自己的想象，自由创作撕纸作品，老师对那些有创意的作品做适当的表扬固化，或者选择一些很有特色的作品张贴在学习园地中，让其他孩子观摩和学习，孩子们就会觉得老师是鼓励他们创新的，而后就会形成正向反馈，进而会向着老师指引的方向前行。

2. 剪出思维的梦想

剪纸中的安全问题，对老师和孩子们来说都是一种挑战。剪纸虽然有一定的安全风险，但也是一种创新的技能和机会，不仅仅可以提升孩子们的安全意识，也是一种创新的创作方式。进行一些简单的图案剪纸可以激发孩子们对剪纸艺术的热爱，同时也可以让他们欣赏一些大师的剪纸作品，介绍一些在剪纸方面功成名就的大师，引导其学习和创新。

3. 染出思维的创造

剪纸和撕纸的作品如果是白色纸，那只是徒有其形，加上点颜色会更加完美。染纸是一种简单、有趣的美术形式之一，适合多种纸品，适合不同年龄段的孩子探究。变幻多端的图案，不同深浅的色调，不同配比的色彩，可以大大地满足孩子们的好奇心，激发孩子的探索欲，唤醒孩子们内心的创造力。

4. 折出思维的整合

折纸目前发展成一种教育手段，也是一种极佳的消遣方式。有单独的折叠方式，也有组合的折叠方式，有平面的形状折叠，也有立体的空间立体折叠。在玩中学，乐中学，赛中学。折纸活动不仅是儿童较喜欢的活动之一，也是孩子们思维整合的必要过程，可以培养孩子们的空间立体感，也可以帮助孩子们理解一些生活常识。

5. 搓出思维的创新

美工区的纸艺活动除了常规活动，还可以有一些非主流的玩法，比如搓、捏、揉等。搓一个花梗，揉一个花瓣，等等，都可以。如做一朵玫瑰花，花梗、叶子、花瓣等都要经过搓的处理过程，将撕剪好的半成品变成制作主题需要的东西。孩子们玩得不亦乐乎，成品可以带回家作为装饰用，不仅孩子们非常喜欢，家长也非常欢迎，因为孩子们得到了锻炼，做出了成品。